智元微库
OPEN MIND

成长也是一种美好

爱情的重建

如何修复有裂痕的关系

宏桑 著

人民邮电出版社

北京

图书在版编目（CIP）数据

爱情的重建：如何修复有裂痕的关系 / 宏桑著. --
北京 ： 人民邮电出版社，2024.8
ISBN 978-7-115-64509-8

Ⅰ．①爱… Ⅱ．①宏… Ⅲ．①爱情－通俗读物 Ⅳ.
①C913.1-49

中国国家版本馆CIP数据核字(2024)第105432号

◆ 著 宏 桑
责任编辑 陈素然
责任印制 周昇亮

◆ 人民邮电出版社出版发行　　北京市丰台区成寿寺路 11 号
邮编 100164　　电子邮件 315@ptpress.com.cn
网址 https://www.ptpress.com.cn
北京天宇星印刷厂印刷

◆ 开本：880×1230　1/32
印张：7　　　　　　　　　　　　2024 年 8 月第 1 版
字数：180 千字　　　　　　　　2024 年 8 月北京第 1 次印刷

定　价：59.80 元
读者服务热线：（010）67630125　印装质量热线：（010）81055316
反盗版热线：（010）81055315
广告经营许可证：京东市监广登字 20170147 号

I ♥ 目录 U
contents

想分手不一定是结束，
反而可能是真爱的开始

　　大家好，我是宏桑，是一名心理咨询师，也是一名情感博主。我在做情感咨询的数年中，接触到了许多人的情感故事。在私信、直播间、评论区和付费咨询的案例里，其实大家最关心的情感问题是关于情感修复的。"我还是放不下那个人，我该和他重归于好吗？""我很想和他回到过去，然而他已经不愿意给我机会了，怎么办？"

　　很多人想重启亲密关系，然而从他们描述的经历和结果来看，绝大多数人在修复感情的过程中，其实是不得章法的。我做咨询的一个案例比较典型：分手以后男朋友将她拉黑了，她就不断发短信认错、求和好，他不回复短信，于是她就连续打电话骚扰，她的电话号码也被他拉进了黑名单，她就去对方家的楼下、单位门口蹲点，求他给自己机会。

　　我相信在修复感情时虽然不是所有人都这么极端，但是大部分人呈现的核心问题都是一致的，那就是"用深情来乞求原谅"，比如道歉、写保证书、送礼物、诉说自己的不舍和难过。这种错误的思路，只会加深对方对你的厌恶，从而让岌岌可危的亲密关系雪上加霜。

　　为了帮助真正想破镜重圆的人，我结合众多咨询师的情感修复经验，写了《爱情的重建：如何修复有裂痕的关系》这本书。从对关系的全面梳理、回顾，情感修复误区的排雷，到修复关系全程的技巧，再到复合后关系的维稳，本书都有涉及。总之，本书对情感修复中最常见的问题，都做了详细解答。

　　其实，我原本是一个挺反对吃回头草的人，我觉得既然你已经在一段关系里痛苦了这么久，被一个人伤害得那么深了，那又何苦浪费时间再受一次罪呢？

　　后来，我听到了许多人的故事，以及他们放不下前任的理由。我知道，他们之所以放不下这段关系，有的是因为不甘，有的是因为占有欲强，而更多的其实是因为遗憾：我明明有机会维持好这段感情，却因为自己的迟钝、疏忽、多疑和自私，错过了机会，错过了那个合适的人。

　　他真的很好，但当时的你，真的是不懂事。

　　我觉得分手并不是一种结束，反而有可能是真爱的开始。其实很多人只有在真正失去那个人之后，才会明白原来那个人对自己来说这么重要；真的再也见不到那个人了，才想起原来自己以前也做错过那么多事情，如果可以重来，自己决不会去伤害那个人。

你已经有了觉悟，想要好好珍惜了，然而那个人的心门，已经对你关上了。从此以后，他可以自由自在地面对广阔的森林，而你，连吃醋的资格都没有。你的关心，在他的眼里变成了骚扰；你的深情，在他眼里变成了纠缠；你的念念不忘，在他眼里变成了执迷不悟。你想重来，却好像无论做什么都只能换来他的反感。

如果把谈恋爱比作治病，平时的恩恩爱爱就是养生，争吵后的安慰就是做手术，而情感修复，就是人都进重症监护室了，你还想要救活他。养生都没"整"明白的你，仅仅是有了觉悟，怎么就敢尝试回天之术呢？

我知道，你缺的从来不是行动的理由，而是行之有效的方法与技巧。这本书的内容结合了众多咨询师的专业分析和成功实践。你的真心、决心、恒心，加上我们的经验、智慧和专业，怎么就不能让你试着放手一搏，按下情感的重启键呢？

对我的很多来访而言，分手带来的是感情的间隔年，它让他们从恋爱中的亲密黏腻或争吵冲突中抽离出来，回顾审视自己在恋爱中到底需要什么，又有哪些缺失。这些思考是他们在恋爱中无暇顾及的，毕竟，身在此山中的人没有动力做自我觉察。

在心理学家斯滕伯格的理论中，一段成熟的爱情会经历激情、亲密、承诺这三个阶段。不过，很多现实案例告诉我们，有的爱情仅在激情阶段就浅尝辄止，无法度过三观磨合的亲密阶段；有的爱情经历了漫长的琐碎，却在谈婚论嫁规划未来的承诺阶段败下阵来。

一段爱情从初涉爱河到步入婚姻总是会经历林林总总的矛盾，有些矛盾来自外部冲突，更多矛盾却来自自身的认知偏差。恋爱脑导致的依赖感过重，焦虑型依恋导致的患得患失，不会沟通导致的矛盾放大，这样的案例不胜枚举。

我们在渴望修复关系的同时，也在遇见一个更好的自己。

对的人不怕从头开始，希望接下来的内容能让你从容不迫地修复一段感情。祝好运。

第一章

当关系处在
破裂的边缘

第一节
为什么彼此相爱的人却走不下去

我特别欣赏艾里希·弗洛姆在《爱的艺术》中的一段话。

"除了努力积极发展你的全部个性，使之形成一种创造性人格倾向外，一切爱的尝试都一定是要失败的；没有爱自己邻人的能力，没有真诚的谦恭、勇气、忠诚、自制，就不可能得到满意的个人的爱。"

可是在生活中，太多初涉爱河的人，太把感情想当然了。他们觉得获得一段好的爱情，只需意愿，无需能力。其实你仔细看看评论区的很多网友评论，其中也充满了类似"有爱就能战胜一切"的观点。

对于别人经历曲折最后不得不忍痛分开的爱情故事，我们习惯于不屑一顾地评论："说那么多，不过是不够爱而已。"

你问我："既然还爱着对方，那为什么还要分手？"其潜台词也同样是：够爱就不应该分手。

带有这种理想主义感情观的，其实往往是在感情之路上懵懂未开窍的男女。

你们没经历过感情，因此有时会把感情的事情想得太简单：喜欢就去表白，不合适就分手，相处久了就结婚，被伤害了就离开。你们说得多简单啊。

真正经历过感情的人就会知道：太难了，太难了，两个人在一起，就算彼此还喜欢，能走下去，这段感情能有个好的结果，那也是两个人上辈子积德了。

天下有情人难成眷属，前生注定之事却错过了姻缘，这样的事情，真的太多太多了。

之前有一个女生来向我咨询问题。她不理解为什么自己明明付出了这么多爱，却得不到回报。为了那个男生，她放弃了公务员的录取资格来到他的城市；为了那个男生，她对其他人关上了心门，整个脑子里只装着他一人；为了那个男生，她变得歇斯底里，一点点小事情都能牵动她的神经。她说："为了他，我变得不像我自己，我都这么爱他了，为什么他还是要和我分手？"

我叹了口气，问她：傻孩子……

当你因为莫名其妙的小事闹情绪的时候，他会觉得你是因为在意他才这样吗？当你放下了所有的人际关系来表示忠贞的时候，他会为了你也放弃整片森林吗？当你工作、生活中的所有事情都不认真干，满脑子只有他的时候，他会因为感动而放下所有事情来陪你吗？当你三天两头查他手机、问他行踪的时候，他会认为这是情侣之间应尽的义务吗？当你一生气就摆出一副臭脸，变成"出谜人"的时候，他会因此感到愧疚，真心地向你道歉吗？当你只身一人奔赴爱情的时候，他会下定决心此生好好对待你吗？

那女生直接被我问蒙了，然而我的问题清单说了连三分之一都不到。

是啊，没经历过感情的人，都觉得现实生活中的感情是这么美好：爱能克服一切困难。王子和公主战胜了困难，最后过上了幸福的生活。

现实根本不是这样的。你的王子经历千难万险终于打败了恶龙，然而把你救出来之后，却没有选择和你一起生活，而是把你一人留在城堡里，然后继续远行，去往另一片土地，打新的恶龙去了。看吧，你以为王子都是奔着爱情来的，其实人家心里只有冒险，在外面闯荡累了，就回公主的家里歇歇脚。而你却说："王子你把剑放下，每天和我生火做饭，听我唠叨、跟我吵架，好不好？"

爱情里可以有很多无关的东西，比如冒险、目标、友谊，甚至是交易，但唯独不能只有爱。除了爱一无所有，爱情或许就变成了最狗血的电视剧。

你没有经历过感情，就会觉得感情中的困难自己能够轻松面对，会觉得"我们相爱"就能克服一切的问题。现实生活多残酷啊，残酷到你必须认识到：人生无常，可能是你这辈子最经常遇到的事情了。

你说，为什么你这么优秀，那个人就是不喜欢你呢？为什么你们两个人相处得好好的，对方家里人就是看你不顺眼呢？为什么一切都看起来这么美好，突然那个人就要和你分开呢？

我或许能给你一些分析，让你搞懂这段关系在理性上的来龙去脉，但是在感情上，你必须先接受：在这个世界上，没有那么多为什么，事情就那样发生了。烂事儿总会发生，就这么简单。

我知道，没有经历过感情开悟的人，都会觉得一切都是顺理成章的：你很优秀，你喜欢的人很喜欢你，你们成功地在一起，你们结婚生子，还有一只猫、一条狗。但是实际上，上述的每一个环节，都可能面临飞来横祸，都可能把你们拆散。

你哭着问我你做错了什么，我没办法告诉你：你虽然很努力，但是那个人就是不珍惜你；你虽然很爱那个人，但是那个人就是想出轨；你虽然想办法了，但是那个人就是不愿意给你机会。孩子，在感情这件事上，你是真的努力，也是真的傻。

之前只要听到我说这句话，我的朋友就会瞪我：你听听，你说的这是人话吗？

确实，我说的可能不是人话，但一定是真话，命运有时就是不干人事呀。

我想通过这个角度告诉大家，其复杂成因，决定了亲密关系不可能靠一个"爱"字就一帆风顺，你当然需要有爱的诚意、坦诚、乐于付出、相互妥协，这些都是美好爱情中必要的；但你也需要有爱的智慧，能够洞察是非，善于解决矛盾，遇事克制情绪，不以爱之名行伤害之事，不以爱之名裹挟彼此。

一段永不分手的爱情，从来都不是靠"心里有你"就可以达成的。

第二节
梳理：剖析分手的真实原因

恋人之所以分手，往往不是因为不够爱了，而是因为两个人之间出现了不可调和的矛盾。因此，分手的过程往往是痛苦的，两个人之间还有爱意，感性上十分不舍，内核问题却无法得到解决，两个人无法继续相处下去。

7 种常见的分手原因

根据以往的咨询案例，我总结出了 7 种常见的分手原因。

1. 关系不均衡

两个人在感情里始终处于付出不对等的状态，可能是因为双方价值不对等，两个人的感情一直在勉强维持，需要一方不停屈尊、讨好、付出，才能保持关系的稳定。

2. 不懂沟通

只要是处于一段亲密关系中的人，就一定会有争吵，唇齿相依，偶然的摩擦不可避免。只是，有的人会通过正确的沟通化解矛盾，通过一次次的沟通、磨合让这段关系中的人更加契合。而有的人不会协调也不懂沟通，男人读不出女人的潜台词，女人宁愿用情绪去表达，也不愿意把矛盾摆在台面上。这让原本深厚的感情，在一次又一次琐碎的争执中不断被消耗。

3. 一方过度依赖

一方的依赖感远强于另一方，一方患得患失，总觉得对方不爱自己，觉得对方不主动联系自己，双方相处得非常疲惫。

4. 缺乏信任

信任是长期关系中的核心词汇，尤其是对于女生而言，缺乏信任这个问题是致命的。太多的分手是由于没有给对方的情绪足够多的关注和回馈，双方的信任无法达成。一条暧昧的短信，一些界限不明的关系，就足以摧毁一段感情。

5. 异地

异地恋导致分手是老生常谈的话题了。相隔两地甚至两个时区，遥远的距离和不同的圈子，让双方越来越找不到共鸣，情绪无法同步，两颗心渐行渐远，最终撑不过异地的考验。

6. 原生家庭反对

恋爱是两个人的事，婚姻却是两个家庭的结合，对方父母的反对，妈宝属性的恋人，都容易让一段感情功亏一篑。在我过去的咨询案例里，"父母不同意"几乎是难以扭转的分手原因，毕竟在家庭观念较重的地方，完全脱离原生家庭是不切实际的事情。

7. 未来规划冲突

爱情不可以"物质"，但必须面对现实，很多校园恋情之所以最后没有结果，是因为两个人对未来缺乏预期，在现实压力下逐渐对对方丧失信心。

接下来我结合几个案例来剖析下分手原因。

第一个案例，是不懂沟通 + 异地导致的分手。

A 小姐和 B 先生是大学同学，家乡并不在一个地方，毕业后分别在两个省工作。异地导致他们的相处方式发生变化，而他们又没有适应这种变化，没有选对沟通方式，最终分手。

沟通中，A 小姐说 B 先生的分手理由是他觉得实在太累了，而类似的桥段也出现在很多校园情侣的身上。

异地恋导致女方的安全感减少，于是女方有了更多的跟对方时刻保持联系、获取安全感的需求。而刚刚迈入职场的 B 先生本身就在人生的爬坡期，面对工作已经疲惫不堪，每次回到家里跟女朋友聊天时，面对的问题却是："你为什么对我冷淡了""给你发的消息为什么不秒回"。谈感情变得和工作一样，他无力承担也不想承担，只能退出。

在后续的修复策略中，我们给出的方案是先建立温和沟通，再尝试推进关系。A 小姐过去在沟通中充满了怨念，情绪化严重，总是在沟通的一开始就创建跟 B 先生的对立情绪，这导致他们每次沟通都不欢而散。

第二个案例，是不懂沟通 + 缺乏信任导致的分手。

在这个案例中，C 小姐和 D 先生实际上还没有真正在一起，只是长期处于卿卿我我的暧昧阶段，实质相处也接近于情侣状态。

在一次约会中，D 先生提到之前跟她的一个女性好友一起过了个节，C 小姐对此非常介意，她的内心独白是："你为什么在重要的节日陪她而不陪我？"但是不善沟通的她并没有试图去解开这个心结，而是用了情绪对立的方式故意冷落 D 先生，D 先生觉得莫名受到了冷落，不知所措。在约会中被冷落了两三次之后，D 先生心中也有了怨念，于是开始对这段感情淡漠。

经过沟通，我才知道 C 小姐的这种不信任大多来自自身的自卑感，因此她在跟 D 先生相处中，会下意识地捕捉负面因素，给自己一个"他可能也不是真心喜欢我"的预设立场。她只要捕捉到蛛丝马迹，就马上对自己说："看，果然是这样。"

在这个前提下，产生了怀疑，又不愿意去主动沟通，这其实也是很多女生在恋爱中的通病，她们有了矛盾和小情绪，寄希望于对方能够读懂自己的内心并安慰自己，而不是主动沟通；最后直到分手，男方也只是觉得女方在无理取闹。

维持感情的八大台柱

几乎所有的分手案例中，都会有上述这些风险因素，但并不是所有具备了这些因素的情侣都会分手。有些情侣，异地恋三四年，没见过几次面，再见时也依旧爱得火热；还有些人卑微讨好了对方许多年，直到结婚生孩子也还在讨好对方，关系也一直很稳定。这是为什么呢？

这说明，有一股正面的力量一直在支撑着他们的关系，让他们在相处中获得的痛苦和满足感达到了一个合适的比例。你和前任的关系一开始也是这样的，只是后来，这股力量消失了，你们撑不下去了。

如图 1-1 所示，这股力量就是心理学家莱斯利·巴克斯特通过实验研究出的 8 条亲密关系准则，也就是维持感情的八大台柱：自主（37%）、相似（30%）、支持（27%）、开放（22%）、忠贞（17%）、共处（16%）、公平（12%）、魔力（10%）。[1]

---

[1] 莱斯利·巴克斯特曾要求俄勒冈州的 64 位男大学生和 93 位女大学生撰写课程论文，阐述他们结束婚前爱情关系的原因。在所有案例中，被调查的大学生都是先提出分手的人，他们的解释很有趣，让我们得以看到用以判断亲密关系的内隐标准。至少 10% 的论文提及了八个方面，它们看起来是亲密关系的一些特殊规定，因此被称为关系准则：它们描述了伴侣对我们及我们的亲密关系所期望的标准，如果我们老是违背它们，伴侣就会离我们而去。

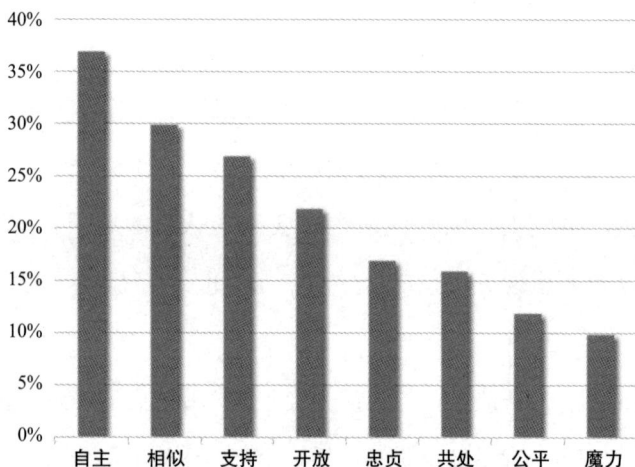

图 1-1　维持感情的八大台柱

　　百分比意味着有多少人认为这个因素是感情中必须具备的。为了描述得更加形象一点，我把它们称作"维持感情的八大台柱"。

　　缺少了其中的一两根台柱，未必会让你们的关系轰然倒塌，但是缺得越多，支撑力量必然就会越少。

　　大家可以对号入座一下，看看你们的关系最初的支持力量如何，而在临近分手的时候，有哪些台柱已经倒塌了。

　　自主意味着尊重恋人的个人空间，不侵犯边界。

　　最具毁灭性的爱情莫过于渴望如胶似漆，霸占对方，甚至让对方喘不过气。情侣之间再亲密，也必须是"亲密有间"的。

　　如果你限制伴侣的社交、查看伴侣的手机、要求伴侣秒回信息、索取过多的陪伴，还对他的生活决策指手画脚，那么很快他就会感到窒息、想要逃离。

相似就是拥有相同的三观、共同的话题和生活目标。

两个人之所以相处舒适，是因为他们在各方面都能同步，比如喜欢吃同样的东西，爱看同一类节目，爱打同一款游戏，一样与世无争，一样追求精致的生活。共同点越多，分歧越少，两个人就能相处得越久，而且不会感到厌烦。

支持包含欣赏他、认同他、安慰他。

作为伴侣，你要对他的优点表示欣赏，对他的观点表示赞同，对他的处境表示感同身受，无论何时何地，你都要是他最忠实的支持者，而不是对他不满，抱怨、忽视或不配合他的人。

开放代表你要表达自己，让他了解你。

好的关系是坦诚和开放的。你们了解彼此的生活习惯、观点态度、人际关系，敢于表达自己真实的感受和对这段关系的看法。

如果其中有一方喜欢把事情藏在心里，平时也越来越少主动交流，这说明这段关系开始走向没落了。

忠贞自然就是不要出轨，不要和别人暧昧。

一些人尽管没有出轨，身上却有着一些隐性的出轨风险，比如和异性交往频繁、缺乏边界感，打扮新潮、衣着暴露，喜欢晒自己的照片等。这些风险，也会让关系变得不稳固。

共处意味着花时间相互陪伴。

一起度过了更多愉快时光的情侣，感情也会更好。你们晚上一起开黑[1]，周末一起做饭，偶像出了新歌一起听，发了工资一起买衣服，你们会因此成为彼此的生活必需品，谁也离不开谁。而那些忙里忙外，疏于相互陪伴的情侣，其感情自然会疏远。

公平就是保持双方的平等地位。

你不要一味享受伴侣对你的付出而疏于给予，不要所有事都是你自己说了算，也不要持续地打击伴侣的自尊心，你要尽力避免一切"双标"[2]。

魔力，就是指你要保持浪漫和新鲜感。

爱情中的激情是容易褪去的。在激情褪去的过程中，人容易慢慢地"变懒"。当你逐渐地不说情话、不送礼物、不制造小惊喜、周末也不出门时，爱情便失去了它激动人心的一面。

要防止爱情变质，你要多花心思去制造一些小浪漫和仪式感。

把这些条件代入你们的这段关系，看看你有没有产生让自己很惊讶的发现呢？

你们的感情，一开始几乎满足上面的所有条件，但是后来，这些台柱一根一根地塌了，等到你们的感情轰然倒塌之时，至少已经有一半的台柱被破坏了。

1　游戏用语，是指玩游戏时，可以语音或者面对面交流。——编者注
2　双重标准，指对同一性质的事情，会根据自己的喜好、利益等做出截然相反的判断或行为。——编者注

　　我分析以上分手的原因，是为了让你从理性的角度看待感情。修复关系的本质是自我改变。我希望这次复盘，能帮助你找到今后的成长方向。如果再来一次，我希望你也能把握住你曾经错过的那个人。

第三节
回顾：我们的关系是如何走到这一步的

经历分手，你一定茫然失措：那个曾经自己最依赖的人，那些曾经一起憧憬过的未来，突然间就不再属于自己，我们的关系怎么稀里糊涂地结束了呢？

你或许一直以为，情侣之间吵架是一件再正常不过的事情，这种程度的冲突只是爱情中的调味料而已。然而某一次吵架，就那么猝不及防地，让你们再也没办法假装无事地和好了，他彻底死了心。

你或许一直觉得，爱情有朝一日总会消亡，你特别害怕这一天的到来，一边细数着他对你的冷淡，一边向他倾诉着你的不安，你期待着他会体谅你，但他始终没有，终于有一天，你的担忧成真了。难道爱真的都会消失吗？

我想说，世上没有突如其来的分手，只有对关系毫无觉察的人。分手的种子早已被悄悄地埋在你们的关系中，而你之所以走到分手这一步，正是因为你没有看见它。

你眼中都是"吵架增进感情"，而对你的恋人来说，这却是一次次对爱与耐心的消磨。

你眼中都是"爱慢慢地消亡",而你看不到对方不愿意在你身上花费精力的原因——他觉得你们之间没有共同话题,他需要一个互相支持、一起奋斗和上进的伴侣,而不是一个没有生活追求,整天围着伴侣转的黏人精。

一切分手的种子都有一个在内心中滋养、生根发芽的过程。根据我们团队的咨询经验,所有的真性分手都有一个共同的发展路径。

为了表示其中复杂的关系,我整理了一个关系破灭流程图(见图1-2)。

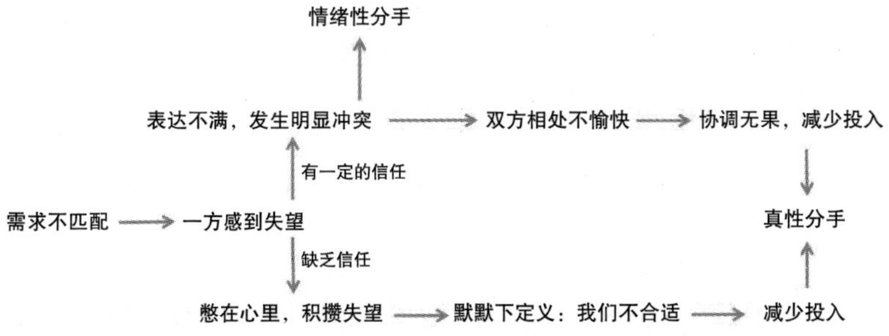

情绪性分手

表达不满,发生明显冲突 ⟶ 双方相处不愉快 ⟶ 协调无果,减少投入

有一定的信任

需求不匹配 ⟶ 一方感到失望

真性分手

缺乏信任

憋在心里,积攒失望 ⟶ 默默下定义:我们不合适 ⟶ 减少投入

图 1-2　关系破灭流程图

"需求不匹配"是分手的根源,它会让一方感到失望。有的失望表现为表达不满,发生明显冲突,而有的人则会把失望憋在心里,积攒失望。不管怎样,如果在这个阶段双方没有协调好冲突,那么接下来失望的一方就会逐渐地"减少投入"。这就是关系的危机信号,如

果双方再不修复感情，关系就会走向破灭。

在需求不匹配的阶段里，你希望他能够多一些仪式感和小甜蜜，而他觉得平平淡淡就是真，爱就在心里；你想要了解他的内心、为他分担压力，也希望他能和你坦诚沟通，而他则希望自己的独立空间不被打扰，在心烦的时候有个能歇息的地方；你觉得爱就是陪伴、一起感受生活，他觉得爱是为了将来而努力，不要一事无成的温柔。

在相处不愉快的阶段中，这些不匹配的需求会以争吵的形式被摆上台面，例如，女生认为"情侣应当坦诚和沟通"，会说"有什么不开心的你就说出来嘛，一个人憋着多难受"；而如果男生觉得自己"需要独自消化负面情绪的空间"，就会指责对方，"你能不能消停会儿"。双方都在坚持自己的需求，而看不到对方的需求。这样，双方就算和好了，问题也依然没有解决。

这样的不愉快还有另一种，即"只有他默默地不愉快，你什么也不知道"。

很多时候，一方会将这些不愉快以抱怨、指责、冷漠或不配合的方式表现出来，另外一方通常也会被带到不愉快的情绪当中，这些共同体验提示着你：你们的关系出问题了，要快点想办法修补。

也有一种情况：双方没有明显的负面情绪，一方会把芥蒂保存在心里，很少向对方表露，但是每次自己的需求落空，都要默默地在心中记下一分，等分数攒够了，就会给对方打上一个"他不适合我"的标签。

然而不管是哪一种不愉快，有一种情况是必定发生的，就是他在心里判断"你不合适"之后，**有一个减少投入的过程**。

你发现他逐渐变忙了、回复信息变慢；你发现他很少给你带来惊喜、很少考虑你们的共同活动；以往每日必有的那些仪式感，也慢慢消失了；甚至你们之间，没有了共同目标，没有了对未来生活的约定。你们的恋爱变得"名存实亡"，而你不知道这个"平淡"是不是爱情本来的样子。

还有一些情况，即不是他对你"减少投入"，而是"从未投入"，一直以来都是你主动，哪怕你们已经确立了情侣关系，也总是你在苦苦维持；你要么不在乎对方是否付出，要么给他找了个理由"他就是个不懂得主动的人"。这只能说明他是勉强和你在一起的，当他发现自己真的将就不了的时候，便会无情离开。

现在再回头看看，你会发现，你们之所以走到分手这一步，是因为你对逐渐走向分崩离析的关系缺乏觉知，也没有机会下决心去好好修复感情，等到自己后知后觉了，他已经对你死心了。

亲密关系中的银行账户

其实绝大多数人，在分手之前就已经隐约察觉到矛盾的存在了，只是当那一天真的到来的时候，还是会觉得猝不及防。

为什么呢？他们对这段关系的耐受能力产生了误判。其实你的爱情并没有你想象得那么牢固。

在这里我不得不说一个进度条的概念。

亲密关系可以被比做一个银行账户。当你们共同经历愉快的体验的时候，相当于往账户里存钱；而当你们经历疏远，或者因对方而产生不好的感受的时候，就等同于从账户里取钱。账户里的余额代表了这段关系抵御外来风险和内部矛盾的能力，而账户余额清零时，就意味着关系走到了尽头。

如图 1-3 所示，在亲密关系中发生的所有行为，都可以被分为存款和取款两种。

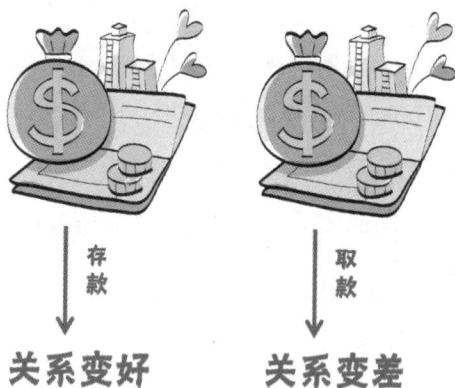

图 1-3　亲密关系图

存款行为都有哪些呢？比如表达对对方的认可和欣赏、一起度过的舒适时光、送一件精心准备的礼物、精心策划一次浪漫的约会、给对方一个心满意足的拥抱等。

而取款行为包括过多管束、忽视对方的感受、逃避、欺骗、指责、鄙视、争吵、冷战、不负责任、不兑现承诺、光说不做等行为。

所有关系的破灭都不是一蹴而就的，它必然存在一个余额慢慢减少直至清零的过程。

而你的疑惑在于："我和他好几年的感情，加起来也没吵过几次架呀，怎么余额一下子就清零了呢？"这种疑惑源于你以为的关系余额与实际关系余额差距太大，如图 1-4 所示。

你以为的关系余额：

70

实际上的关系余额：

10

图 1-4 亲密关系余额图

心理学上有个蔡格尼克效应，人们对于未完成事件，记忆更加深刻。

什么叫作"未完成事件"呢？它是指在亲密关系当中没有被完善处理的所有负面情绪，如说好的去爬山一直没去、该收拾的碗筷一直丢在盥洗池里、心中的不满憋着没有说出来、某次伤到他的自尊心没有安抚，等等。

这些事情只有被"妥善地处理"，当事人的失望情绪才会被平复，如果没有，这个未完成事件就会一直积郁在心里，而不会随着时间消失。它就像你的钱袋里的一个窟窿，会让你持续掉钱。

而你的恋人也会反复想："他怎么这么不关心我""他老是自作主张""能不能为我想想""就不能体谅我一下啊"。

心理学家约翰·戈特曼在《爱的博弈》里提到，**如果未完成事件持续积压，变得足够多，伴侣就会对你做出一个"定性的诠释"**，从此以后，你就是一个"不负责任"的人、"说话不作数"的人、"只顾着自己"的人、"没完没了"的人，或者"情绪化、极端"的人。

你会感到平白无故地被冤枉，恋人对你总是反应过度，因为他已经戴上了有色眼镜，你的所有行为在他眼里都是不对的。

现在知道了吧，存款行为和取款行为的影响并不是对等的，负面情绪会积郁，会自我繁衍，会蔓延，而正面情绪却不会。你送的一个称心的礼物只能让他欢喜几天，如果你偶尔忘记送礼物，他就会在分手的时候拿出这件事和你对峙。

现在的你应该明白为什么好几年的感情抵不过几次争吵了吧？

第四节
评估：究竟该不该重启这段感情

"我很舍不得和他分开，心里还挂念着他，要和他复合吗？"

在我看来，要不要挽回一段感情，不取决于你是否还爱着他，而**取决于这段感情值不值得挽回，能不能挽回。**

大多数人在成长过程中，从来没有人认真地告诉过他们怎么去爱一个人，怎样才算谈一场恋爱。关于爱情的所有内容，大多数人都是从一本小说、一部电影或一段经历中获得的。因此，很多人哪怕拥有丰富的感情经历，也弄不清楚爱到底是什么。

不过，面对以下五种感情，即使你再爱对方，我都不建议你挽回。

第一种，有多次出轨行为。

在感情中，另一半的不忠诚无疑是致命的伤害。要知道，信任，就像纸，一旦变皱了，就算你极力抚平，它也有折痕。背叛是会留下痕迹的，因此你不可能打心眼里去原谅和理解对方的背叛，它像一根刺一样扎在你的心底，就算你能和他和好一次，那么接下来两个人的每一次争吵，都可能刺激你旧事重提，而且从他背叛你的那一天起，你就会变得敏感、多疑，任何蛛丝马迹都会让你害怕和警惕，而这无疑会让你将自己推入更加痛苦的深渊。因此对于面对这样的另一半，你与其在积攒无数次失望后无奈放手，不如选择及时止损，让这段感情结束得干净利落。

第二种，有暴力行为。

不论哪种形式的暴力，都具有极大的危害性。暴力侵害会让你长期处于畏惧和不安的状态中，身心备受煎熬；冷暴力则会对你的情感和自尊心造成打击，带来沉重的心理负担。对于这种情况，如果对方拒绝改变，或者答应了改正却做不到，那么即使对方在其他方面很优秀，你很喜欢他，我也不建议你挽回这段感情。爱人之前先爱己，保护好自己的身心健康才是重中之重。

第三种，忘不了前任。

如果对方和他的前任还有纠缠和联系，并且你们曾经因此多次发生争吵甚至关系破裂，而他从未试图为此做出改变，那么他的态度就非常明显了，他根本不在意你的想法和感受，包括你的离开。在这种情况下，我不建议你挽回这段感情，而是努力尝试去放下这个心里没有你的人，重新寻找更健康的亲密关系。

第四种，存在无法解决的矛盾。

如果你们因为无法解决的矛盾而分手，那么我不建议你挽回这段感情。即使你因为爱对方，为了跟他复合而暂时妥协和让步，其结果也不过是耗来耗去，又多耗几年。我举一个过往咨询中的真实案例。

小西和她的男朋友小宇在一起三年，他们的感情一直很好，但他们之间却存在一个不可调和的矛盾，那就是小宇是一个坚决的不婚主义者，而小西却对家庭和婚姻生活充满期待。由于年龄的增长以及被催婚等，两个人不得不面对现实的差异，最后在争吵中分手。虽然他们后来也都因为放不下彼此选择复合过，但还是因为观念差异不可调和，选择了和平分手。在这种情况下，以"友好"的方式结束一段关系，对双方来说都是最好的结局，也是崭新的开始。

第五种，对方遇到问题就选择逃离。

不论恋爱还是婚姻，都是两个人的事。如果在面对现实或者外界压力时，对方没有做出任何努力，也没有解决问题的态度，而是主动提出了分手，那就说明他并没有那么爱你，也没有足够的自信和能力去面对你们的未来。在这样的情况下，虽然你主动承担所有压力，让两个人重归于好，但是当两个人的感情出现其他问题时，他也仍有可能选择逃避，而不与你一起面对问题。这样的关系只会一味地消耗你，让你精疲力竭。

错的人就是错的人，从来不会因为你能忍或者多熬点儿时间就变成对的人。很多人的爱情死得不明不白，根本原因就在于他们只沉浸在爱情的美好中，只愿意享受爱情带给他们的幸福，却从来没有主动地去为维持这段关系做出努力。

如果你们的感情不属于这几种，你也觉得对方是一个值得长久相伴的人，那么就可以考虑挽回。不过在那之前，我希望你再来评估一下这项任务的难度。这不是让你知难而退，而是为你建立正确的心理预期。根据以往的经验，许多想修复关系的人，都会错误估计挽回感情的难度：他们如果觉得挽回感情太过简单，就可能会过于自信，从而着急地做出一系列越界的行为；他们如果觉得挽回太难，就会自己打击自己，心灰意冷。因此，你与其中途放弃，还不如在一开始就看清这座山的高度，再来决定要不要跨越它。

我们可以分以下四种情况来讨论。

第一种情况，对方仍然爱你，你们只是因一时赌气而分手。

你们之所以分手，可能是因为两个人之间的沟通出现了问题，或是因为生活中的某些压力而产生了矛盾，你们对两个人的亲密关系还抱有希望。在这种情况下，你只需要找到问题所在，进行解决，增强自己的吸引力，重建信任、给予依靠即可。在这种情况下，挽回成功的概率比较大。

第二种情况，对方对你依然有感情，但是你伤他太深了。

在这种情况下，挽回感情的难度处于中等水平。你需要做出反思，了解自己的问题，找到解决办法，并且付诸行动，真正做出改变，才有可能重建对方对你的信任。

第三种情况，对方已经不爱你了。

当对方已经不再爱你，而且已经做出了明确的表态，那么挽回感情的难度就变得非常大。在这种情况下，你们之间已经没有了爱情基础，要重新赢得对方的心，你就需要利用更多的行动和时间来重新建立你们之间的联系。比如，你需要提高你自身的吸引力，让对方重新关注你、被你吸引，你们之间的爱情火花才有可能被重新点燃。

第四种情况，对方并不确定自己的感情。

当对方并不确定自己是否还爱你时，他可能是在因为一些问题而感到犹豫，可能并不会马上与你断绝关系。在这种情况下，挽回感情的难度取决于对方是否对你还有期待以及与你相处的总体感受。你必须更多地了解对方的想法、情感需求，并做出适当的改变，才会最终挽回对方的心。

其实挽回感情的难度的评估维度有很多，常见的维度有分手的时长、情感深度、分手原因等。从爱与不爱的维度出发进行评估只是挽回感情的第一步，这一步与其说是在评估挽回感情的难度，不如说是在评估你自己的内心——你挽回的决心、你改变的决心、你愿意付出的代价以及你愿意退让的底线等。

表1-1是一份挽回感情的难度评估表，最终的分值可以让你了解你们关系的现状及挑战，借此让你看到潜在的解决方案。每一段关系结束的背后都有不同的原因和经历。因此，你需要灵活地根据自己的实际情况进行评估和决策。

表 1-1　挽回感情的难度评估表

（每题得分范围：1~10 分，总分越低难度越大）

1. 你们分开的时间有多久？
  （3 个月以上，时间越久分值越低）
2. 你们目前的关系状态如何？
  （关系状态越差分值越低）
3. 你们双方是否都有挽回感情/解决问题的意愿？
  （单方面意愿越低分值越低）
4. 你们的感情基础怎样？
  （基础越差分值越低）
5. 导致你们分手的矛盾的解决难度有多大？
  （难度越大分值越低）
6. 你们目前的沟通状态怎样？
  （沟通状态越差分值越低）
7. 你最近一次联系对方或者与对方沟通时，对方的反应怎样？
  （反应越差分值越低）
8. 你和对方有共同的圈子吗，与对方的朋友圈交集有多少？
  （交集越少分值越低）
9. 你在感情挽回方面是否有长期为之努力的信心？
  （信心越少分值越低）
10. 对方是否有新的恋情？
  （没有，则根据情感破裂对他的影响打分；有新恋情，则分值为 0）

对于挽回感情，我们需要拥有蒲公英心态，即像一棵蒲公英一样，即使被吹到了土壤并不肥沃的地方，也要有坚韧不拔的精神，全力以赴地扎根、生存、生长、开花。相信你的努力，最后一定能带来好的结果。

预期：如何借助工具看清关系的优劣势

　　爱情的轨迹中充满变幻，从深爱到疏离，从分开到渴望复合，一切都处在动态变化中。你要成功地挽回这段感情，就需要从清晰的现状认知中汲取力量，了解自己手中的筹码。

　　这里分享一个非常实用的工具——SWOT 分析法，这个方法可以综合考虑内外部因素，帮助我们进行系统分析评估，从而帮助我们找到最佳的挽回策略。借助这个工具，我们可以趋利避害、扬长避短，更好地看清挽回感情中的胜算，明白如何扩大胜算。

　　我通过一个案例来帮助大家认识这个工具。

　　江明[1]和李婷相识于大学时代，毕业后他们留在了同一个城市并找到了理想的工作。江明成为一名信息技术工程师，而李婷则实现了自己的梦想，成为一名小学老师。随着感情的逐渐加深，最终两个人

1　书中人名皆为化名，如有雷同纯属巧合。——编者注

在相恋的第五年，步入了婚姻的殿堂。

婚后，他们曾一起经历许多美好的时刻。然而，随着购房压力等生活压力的增大和生活琐事的增多，他们的关系渐渐出现了隔阂。

江明为了提高收入申请了调岗，换进了一个新的项目组，这导致他的加班频率明显增加。刚开始，李婷对江明的努力工作感到非常心疼，每次都会提前发信息问江明到家的时间，好为他提前热好饭菜。江明也觉得很暖心，也感恩李婷在婚后一直把家里打理得井井有条，让他可以毫无后顾之忧。

但由于工作时间长期不可控，江明常常很晚才到家，李婷发信息问他回家时间时，江明要么不回复，要么就是说"还不知道、快了吧"。虽然江明在回家后都会和李婷解释原因，但是经常早出晚归，还是让李婷逐渐对江明产生了不信任。

她开始怀疑江明是不是真的在加班。对此，江明则感到很委屈，很忙、工作压力很大时，他很容易采取回避的态度，拒绝沟通，甚至摆出一副爱信不信的样子，这让两个人的矛盾进一步激化。最终，这些问题愈演愈烈，致使两个人的婚姻处在了破碎的边缘。

李婷对此感到失望和焦虑，但她也不希望自己的婚姻就此走到尽头，想挽回这段感情。

如表 1-2 所示，请你用 SWOT 分析法对案例中的情境进行梳理。

表 1-2 SWOT 感情分析表

对象	优势（Strengths）	劣势（Weaknesses）	机会（Opportunity）	威胁（Threats）
女方	①深厚的感情基础	①安全感的缺失	①理解，对男方的工作状态，给予信任及支持	①再度对对方"不守时"产生怀疑、加剧矛盾
	②贤惠，把家打理得井井有条	②缺乏对对方工作状态的理解	②沟通，合理且清晰地表达情绪和需求，通过有效沟通缓和关系、解开心结	②对方因对这段关系感到极度消耗和疲惫而放弃
	③稳定的工作	③沟通情绪化	③关注自我，将一部分重心转移，适时关爱自我，慢慢修炼生活的松弛感	\
男方	①深厚的感情基础	①缺乏对对方的关心	①关心，在日常的生活中，更多地表现出对对方的关心，增加对方的安全感	①发生问题时回避，加剧矛盾
	②经济状况良好	②拒绝沟通	②沟通，学会倾听并真实地表达感受，让对方看到你解决问题的诚意	②对方因缺乏安全感而选择离开
	③工作积极、有上进心	③工作压力大	③平衡，适当的平衡工作和生活	\

第一项，优势（Strengths）。

你要考虑自己在挽回感情方面拥有什么优势。这些优势可以是你擅长的一些技能，也可以是你的一些内在的特质、姣好的容貌等。梳理自身优势的时候，你无须局限于这些框架，可以将你觉得你所拥有的优势先全部罗列下来，也可以对自我反思中产生的信息进行全面的梳理、补充。

在上述案例中，双方具有比较深厚的感情基础，两个人之间有过非常多的美好过往；女方的基础条件也决定了她是一个非常适合结婚的对象，不仅工作稳定，而且对打理家庭方面也很在行。因此对于在外工作忙碌的丈夫而言，她依旧是个很好的选择。

第二项，劣势（Weaknesses）。

你需要考虑你在感情挽回方面的劣势。这可能包括你缺乏自信、容易情绪化、对对方缺乏关爱等，同样先要全面罗列这些问题，再对它们进行排序。

江明、李婷在这段关系中都存在明显的沟通问题，不会正确地表达需求，这加剧了他们之间的矛盾。不过，在此之前，他们更为核心的劣势还是女方不信任男方。男方在外辛苦打拼，女方在有个稳定工作的同时，能操持好家务，这原本是个需求互补的平衡状态，女方的不信任，打破了这种平衡。从劣势这一项当中，你可以更直观地看到存在的问题。

第三项，机会（Opportunity）。

机会可能包括对方的需求、依恋模式、双方之间共同的人际关系等。

在上述案例中，从男方的角度来看，江明希望李婷能够在他的工作上给予更多的理解，包括加班的辛苦、时间的不可控，减少不信任及抱怨的行为等。女方在这些方面做出改变，就是挽回感情的有利因素。

第四项，威胁（Threats）。

这可能包括对方已经放弃了这段关系、你无法获得对方的信任、对方身边有潜在的仰慕者等情况。

因为这段关系给江明带来了疲惫感，所以在江明感情遇挫的时候，一些江明身边潜在的仰慕者可能会趁虚而入。

根据上述SWOT分析结果，我们可以建议江明和李婷尝试围绕以下内容着手改变和落实行动。

第一，重建沟通方法。

他们需要使用有效的沟通方法，学会正确地表达需求，建立更深的相互理解和关心。

第二，共同参与。

他们可以通过共同参与有意义的活动来增进亲密度。所谓有意义的活动，既可以是一次有仪式感的约会，也可以是双方感兴趣的活动等。

第三，工作平衡。

江明需要学会平衡工作和个人生活，如果平时比较忙，那么他就需要在假期等空闲时间提升陪伴质量，让李婷感受到关注与关爱，这有助于她增强安全感并提升信任度，有利于维持亲密关系的健康稳定。

总之，SWOT分析法需要我们精准地识别四个方面的内容，完整地梳理出我们的优势、劣势、机会、威胁，从而让行动规划更加精准。需要注意的是，填充的内容应尽可能详细，且不夹杂情感因素，尽量以客观为基础，同时我们要标清所列内容的主次，找到核心的问题，找出最佳策略。

当你通过工具看清了你们关系当中的优劣，你的信心可能就会增加一些，你也可能会遭到一些打击。不管怎样，你都不要害怕失去和失败，你要相信时间的力量，你要相信，你离不开的终究还是习惯，放不下的也不过是不甘。失恋的过程很痛，但我们不得不咬着牙向前走。当你觉得自己跌到了人生的谷底时，无论往哪里走，你都是在向上走。

人格分析：你真的看懂他想要的是什么了吗

在你开始阅读本节之前，我希望我们就以下观点达成共识，这些观点是本节的理论根基。

第一，我们每个人虽然境遇可能有所不同，性格可能有所差异，但是我们内心深处总有一种东西左右着我们对事物的看法和判断。本心、内核、"三观"、执念，想怎么称呼它都行，看你喜欢，我姑且称之为"人格"。

第二，不管是找一份合适的工作，还是建立一段良好的亲密关系，我们所做的，本质上都是不断地追求"价值感"和"自我实现"。越是能让我们感觉到自己被需要、自己有价值的人，我们亲近他的动力就越大；而让我们感觉不到自己被需要、自己有价值的人，我们就会远离他。

那么问题来了。我们面对的人形形色色，我们怎么知道这个人的需求是什么，以及我们应该怎么样满足对方的需求？相信每一个在追求、维系长期关系或者在修复关系的人，都纠结过这个问题。

我接触过的许多咨询者，都以为自己才是最了解前任的那个人，其实他们根本不了解自己的前任。如果他们真的清楚并且能满足前任的需求、人生欲望，那么前任怎么可能和他们分手呢？

因此，在你挽回与前任的感情之前，我会通过人格类型的分析，带你认识前任最深层的人生欲望。和其他人不同，我选择直接从"价值感"出发，通过如何实现自我价值区分出以下三种人。

第一种，拥有自我型人格的人。

这种人从自己的身上找寻价值感和自我实现感。

第二种，拥有他人型人格的人。

这种人从别人的身上找寻价值感和自我实现感。

第三种，拥有角色型人格的人。

这种人从自己所在的关系中、扮演的角色身上找寻价值感和自我实现感。

不管你是想追求这个人，还是想和这个人和谐相处，还是在和这个人分手之后想挽回和对方的感情，对其人格的分析都能帮助你。

我们先来分析第一种人，拥有自我型人格的人。他们的内心独白是：只要我开心，世界就与我无关。

拥有自我型人格的人，往往有两种极端的表现，要么充满了进攻性，一切都要顺着自己来，一切必须以自我为中心；要么特别佛系，一箪食一瓢饮居陋巷，只要自己内心富足，就能怡然自得。

他们有着坚定的自我认同感，不会让世俗的评判体系干扰自己的内心。同样，在一段关系当中，他们也时刻把目光聚焦在自己身上。

他们的优点是，内心足够坚定，不太需要在你身上找什么认同感，缺点就是这些人的内心太过坚定了，他们有的时候看起来甚至有些任性。

他们只要遇到喜欢的人，别说什么门当户对，别说什么能遇到更好的，认定了这个人就什么都不用多说；只要他们觉得这段关系不适合自己了，说散就散，断得特别明白，并不会因所谓的"多少年了，不容易""你不喜欢我哪里，我可以改"而有所驻足和停留。

这种人会把更多的时间精力放在自己的身上，在任何一段关系中，他们只看："这是不是我想要的，我能感受到幸福吗？"

如果你想吸引这种人，或者你想维护好和这种人的关系，方法很简单：你就让他们做自己，只要他们别过分，你就不过分干涉他们的想法和做法。

如果你试图改变他们，试图用自己的价值观改造甚至绑架他们，哪怕是真心实意地想让他们过得更好，让他们更加世故和圆滑地避免一些麻烦，他们也不会领你的情，甚至会十分生气。

如果你想修复和他们之间的关系，那么你就需要学会让步和妥协，学会给他们空间。你要让他们明确地意识到：你相信他们，你信赖他们，他们可以做自己喜欢的事，他们才是自己人生的主人。

第二种人是拥有他人型人格的人，他们的内心独白是：别人才是我能量的来源。

这种人应该是相当常见的一种人：他们需要从别人身上汲取能量，需要在别人身上找到自己的价值感。

从别人身上汲取能量未必是一件坏事，其中包含了多种含义：他们享受帮助别人的感觉，觉得只有为别人贡献了价值，自己才有存在的意义；他们特别在意别人的目光，对世俗意义上的很多标签特别在意；他们需要别人的认可和肯定，并且愿意为了获得这种认可和肯定做出努力和牺牲……

想和这种人维系关系，有一个特别重要的点：你要让这个人在这段关系中找到自己的价值点，你要让这个人能切切实实地感受到自己被世俗肯定了。

对于他们来说，如果自己在这段感情当中没有被肯定，付出也得不到回报，自己也没有收获什么价值，他们就会判定这段感情没有维系下去的必要。

而在修复与他们的关系的过程中，有两点你一定要提到：一是我提升了我自己，做了很大的改变，现在我的价值很高，你和我在一起会很开心；二是你的价值很高，我需要你，我也真心地欣赏和认可你。

基本上抓住这两点，这个人的核心诉求就已经被你满足了，这个人的感觉会特别好。

拥有角色型人格的人，他们内心的独白是：我需要扮演好我的角色，我希望我的表现合格。

如果你对情感故事很感兴趣，你会发现有一种人特别有意思：喜欢不喜欢、爱不爱对于他们而言，不是最需要考虑的，他们只是特别享受自己在一段关系当中扮演的角色罢了。

我在咨询中接触的一些女生就是这样的：她们的理想可能就是当一个好妻子和好妈妈，她们觉得自己能扮演好一个这样的角色，就很有成就感。

不过也的确有一些男人会有这样的想法，他们结婚时可能不会考虑爱不爱的事情，他们会觉得，自己只要对妻子孩子好，努力赚钱，让妻子过上好生活，让孩子读好学校，自己就很满足，就特别开心。

在角色中产生成就感和价值感的人，他们的追求和前两者都不太一样：他们需要的是这段关系足够稳定，自己能够持续在这段关系当中扮演好自己的角色。

有的时候，可能别人觉得他们的感情生活特别平淡，他们却乐在其中：只要做好自己分内的事情，扮演好自己的角色，他们就特别有成就感。

因此，同样是给予肯定，他们相对于拥有他人型人格的人，更喜欢他人对自身角色的肯定，这才是他们最看重，也是让他们觉得最有价值的事情。

　　这种人其实一般都很好相处，与他们的感情也特别好维护。不过，有一种情况是他们无法容忍的：当他们感觉这段关系出现了不确定的变化，威胁自己稳定性的时候，他们就会感觉十分焦虑和痛苦，进而想终结这段关系。

　　对于这种人来说，如果你们的关系崩溃了，你想修复这段关系，那么你一定要注意给这个人足够的承诺和安全感，告诉他：你放心，在我这里，你依旧是那个优秀的另一半，而且我不会再放弃这段感情了。

　　在一段关系中，稳定地扮演好自己的角色是这种人的核心诉求。

　　综上所述，按照这种视角来解读，之前我们在交往当中面对的一些问题，似乎就有了答案。

　　"为什么我对这个人付出了那么多，这个人却好像一点都不在乎？"可能是因为你不过是一个参考。对于拥有自我型人格的人来说，他更需要看到自己的感受，看到自己能不能有足够的自由和话语权。

　　"为什么我都那么独立懂事了，这个人还是要和我分开？"可能恰恰是因为你过分独立和自主了，这让拥有他人型人格的人在你这里找不到自己存在的意义和价值，最后只能遗憾地选择离开。

　　"为什么我总是遇到错的人，而且还迟迟走不出来？"可能是因为在你心中，扮演好一个对象的角色比找一个好对象权重更高。

你下次恋爱时需要好好筛选对象，再确定是否为这段感情投入和付出。

　　千人千面，每个人都有自己看重的点，也有自己没有那么重视的条件，有一点却是不变的：当你看懂一个人的欲望之后，你就彻底了解了这个人，而了解了他，你才获得了重新开启他心门的钥匙。

|第二章|

走出爱的误区

觉察 1：如何摒弃恋爱脑思维

我从各种修复关系案例中发现一个共性：多次经历情感挫败的来访往往有一些固着的思维误区。

这些思维误区往往来自原生家庭，来自成长过程中的认知偏差。这些思维误区在一段亲密关系中不断施加影响，最终导致感情破碎。

因此，我们要修复关系，必须做好认知调整。在接下来的几节中，我会依次展示恋爱中最经典的认知误区以及相应的修复方式。

其实恋爱脑的本质是"不成熟的爱"，它是一种婴儿式的索取。拥有恋爱脑的人只在乎别人对自己怎样，只在乎自己要得到什么，而从不关注自己要付出什么。

以下是几种常见的来自恋爱脑的思维。

"如果你爱我，你就应该……"

比如，"如果你爱我，你就应该每天主动给我说晚安""如果你爱我，你就应该猜到我想要什么礼物""如果你爱我，你就会在我不开心的时候安慰我"。

这实际上相当于给对方制定了一套规则：只要你依旧和我在一起，你就必须源源不断地为我带来我想要的好处。

"如果没有你，我就……"

比如，"如果没有你，我就照顾不好自己了，我会寸步难行，我永远都不会开心起来"。

越是有恻隐之心的伴侣，就越容易被这招影响，越容易不知不觉地包办对方的需求。久而久之，伴侣的爱和耐心就会被榨干。

他最后也会对你说："你自生自灭吧！"

"因为他对我不好，所以我不高兴。"

你是不是经常因为伴侣不经头脑的一句话而郁闷老半天，是不是总对他的某次冷淡态度耿耿于怀？

因别人的伤害而感到难过，是一件很正常的事情。很糟糕的是，一部分人明明可以通过自己的力量重新变得开心，却拒绝这样做，他们一定要得到伴侣的道歉和弥补。

"因为他对我做了不好的事情，所以我不开心"，这虽然对"我"来说是一个客观的道理，但事实上这也是一个隐晦的索取模式，它暗含的逻辑是：你有义务对我的情绪负责，你要关心我、安慰我，你要照顾我的感受。

醒醒吧，没人能让一个不愿开心的人开心起来。

"好伴侣应当……"

如果你用这条口诀来约束自己，那么我相信你一定能成为一个

"模范男友"或者"别人家的媳妇"。但不妙的是，很多人用好伴侣的标准来约束对方。

譬如在择偶的时候，许多人会说我想要一个"身高×××厘米以上的""长得好的""懂自己心思的""25岁有50万元存款的"人，却很少有人会想"我要具备怎样的条件才能配得上这样的人"。

"你要解决恋爱中的所有问题。"

"我对你期待很高哦""你要好好努力哦"，说出这样的话的人会把自己对于恋爱的要求赤裸裸地传达给对方，好像自己就是一个坐着验收成果的人，他的恋人也会感觉到这场恋爱就像是一场考核。这样的人，在出现任何问题时，都不会配合解决问题，而会把一切抛给恋人，恋人既要负责让他开心起来，还要负责把事情摆平。

这种相处方式只会让恋人感到不公平、委屈，感到付出得不到回报。没有人愿意长期处于这样的关系里。

"我们之间没有边界。"

缺乏边界感的第一个表现，就是总会超越情侣之间相互陪伴的度。缺乏边界感的人认为，自己只要有需求，对方就要随传随到，不在乎对方的个人时间，认为反正爱情才是最重要的，其他的，例如工作、朋友、亲人、个人娱乐通通都应该靠边儿，哪怕没有话题，情侣之间也要长时间聊天、打视频。

缺乏边界感的第二个表现，就是不尊重对方的隐私。缺乏边界感的人会觉得情侣之间不该有秘密，认为"如果你爱我，那么你就应该完全透明，不该有任何事情瞒着我，包括你的日记、聊天记录、行踪、朋友关系，甚至所思所想"。他们会随意查看伴侣的手机、反复地问对方出门的各种细节，让对方感到自己不被信任。

以上都是索取思维，拥有索取思维的人认为"爱"是一种有限的资源，认为"我把爱给了你，我自己的爱就变少了，因此我要尽可能地从别人那里拿走爱"。

只要是个成年人就知道，人与人之间的任何关系都强调互惠。作为拥有索取思维的人，你可以向别人索取爱，问题是你给别人带来了什么呢？你也不要觉得爱情背负着挽救你人生的使命，不要觉得有了爱情就一切都圆满了，不要觉得从此不用努力了。经营爱情就像养狗，看见狗狗让你心情愉悦，但在大部分时间里你都在"铲屎"。

我整理了几条关于爱情的观点，它们对于治愈恋爱脑特别管用。

"你不可能总是如愿以偿。"

爱情给你带来了一些满足，也要求你做出一些妥协。

因为处于爱情中的两个人一定会有差异，所以爱情一定会有遗憾。你永远得不到一段 100 分的关系。你想要浪漫，他想要空间；你渴望上进，他安于现状；你爱干净整洁，他不修边幅；你精致讲究，他恣意随性……

你想要的，他不一定会满足你；你不想要的，也可能会纷至沓来。任何人，在感情中多多少少都要放弃一些需求。

不要忘了，这段关系也给你带来了不少美妙的东西。你应该多关心的是自己得到了什么，而不是没得到什么。

"爱情一定会带来苦痛。"

如果承受不了苦痛，那么我们就守护不了爱情。

因为爱情中一定有遗憾，所以爱情中一定会有苦痛。他和别的异性聊天，你会吃醋；他不及时回复信息，你会胡思乱想；看到别人的伴侣更体贴时，你会羡慕；他回家倒头就睡，你会愤怒；遇到问题他先保全自己，你会感受到自己被背叛；你遇到烦心事想被安慰时，他像个没事人一样的态度，也会让你失望透顶。

你本来想找个伴侣为自己遮风挡雨，没想到对方反而带来了新的风风雨雨，这才是爱情的常态。

苦痛是有程度之分的。为了生活，为了获得爱情带来的其他的美好，这个程度的苦痛，我们可以忍。

承受得了的苦痛，便无伤大雅；承受不了的苦痛，你便会翻倍返还给对方，然后对方再翻倍返还给你，如此循环。不要忘了，你在忍耐的同时，你的伴侣也在忍耐。

"你无法控制伴侣，但你可以控制自己的行为。"

多少人因为忍受不了伴侣的缺点而想改造伴侣，最后却以失败告终。比如："明明就是一个马桶盖的问题，他为什么就不能做好？！"是呀，哪怕只是一个马桶盖的问题，说这句话的人也是在试图控制对方的行为。

你要记住，账单可以让你查，手机可以给你看，但我的身体我自己说了算。我们的身体如此，我们的性格也是如此。

"你可以影响你的伴侣，奖励永远优于惩罚。"

有些人在如何让伴侣满足自己的问题上都有一套很诡异的逻辑："你满足我是理所应当的，你不满足我，我就让你遍体鳞伤"。他们会用不开心、沉默、指责、讽刺等手段来对付自己的伴侣，以达到自己的目的。这些做法像极了孩子小时候向妈妈讨要玩具的伎俩。

妈妈可能会怕一时麻烦，答应给孩子买玩具，这些伎俩并不会伤害母子关系，而伴侣也有可能因为怕麻烦而满足他们的要求，但一定会损害关系。不要忘了，与亲子关系不同的是，恋爱关系是可以单方面决定结束的。

比起情绪绑架和讨要，奖励永远是更有效的激励方法。如果伴侣每次付出时，都能够得到对方真诚的夸赞和发自内心的欣赏，还能欣赏到对方可爱的一面，那么付出对他来说自然会成为一件令人愉悦的事情。

"爱的感受会消失，但爱的行动会成为习惯。"

爱会消失吗？答案是会。

相处久了，从某一刻开始，你可能几乎感受不到他对你的爱了，同时，他自己也感受不到自己对你的爱了。

然后，你可能会下一个定义——"你不再爱我了"，借此来责备他；而他可能也对此深信不疑，他会想"好吧，既然都不爱了，那就分开吧"。最后你们分开了，你可能从此不再相信爱了，在网络上散布负能量，告诉大家爱会消失。

爱的感受一定会消失，毕竟人大多会对拥有的东西习以为常。不过，爱的行动是可以保留的。他和你相处依旧舒适，你们依旧保留一些固定的仪式感，他也依旧记得你喜欢吃螃蟹或者小龙虾。

从"他做了什么"出发去感受爱，而不是从"我自己有没有得到满足"出发，会让爱情的发展变得顺利很多。

经历了刻骨铭心的感情，我们都已经成长了。在以往的相处当中，我们可能还有许多不成熟的地方，带给了对方不好的感受，但是从现在起，我们要修复关系，就必须痛定思痛，走出所有关于恋爱的认识误区，学会用一种平等的方式和人相处，这样才能让对方觉得，我们是可以继续相处下去的人。

觉察 2：如何调整自我中心的认知

有个女生私信我，想让我帮忙在买房这件事上劝劝她男朋友。

她想我劝她男朋友的点，既不涉及钱，也不涉及房产证上写谁的名字，而是让她男朋友同意在她父母住的小区买房。

这个女生是家里的独生女，大城市本地人，在当地上大学时认识了这位男朋友。毕业后，两人都在本地工作，当时在商量结婚的事情。针对买房这件事，两人吵了很多次，也冷战了很多次了。她想跟父母住得近点，房子最好买在同一个小区，这样方便父母照顾他们。她男朋友却更希望房子离二人单位近点，既方便上下班，也能跟岳父母拉开点距离，有私人空间。

她男朋友的家境比她家差很多。当初她之所以不介意家境差距，就是因为这个男朋友对她百依百顺，基本不会对她发脾气。在大学时，她男朋友就是闺密口中的模范男朋友，毕业后她男朋友本打算回老家工作，后来拗不过她，还是按照她的意思考进了本地的事业单位。现在女生住在父母家，男生在她家附近租房住，上下班来回需要一个多小时，加上接送女生上下班，每天他光花在路上的时间就有两个多小时。

女生觉得男生这几年都住这边，习惯这边的生活了，把房子买在这边应该也是正常的，而且和父母住得近，每天过去吃饭很方便。可男生却大发脾气，说自己本来只是暂时忍受这种生活，如果一定要求他跟岳父母离这么近，他宁可辞职回老家去。

看到原先对自己百依百顺的男朋友现在脾气越来越大，还开始忤逆自己，女生觉得他是得到自己就不珍惜了，感觉他前几年的体贴、迁就都只是哄骗她的手段而已，她感觉自己被欺骗了，很生气，更加坚持要求他在买房这件事上妥协以证明他的爱了。

二人因此争执不下，最终分手。

感情里的两个人有分歧是很正常的一件事情。处理分歧的唯一方法就是一方妥协。

面对伴侣的妥协和迁就，有的人会心怀愧疚和感恩地记着对方的牺牲和付出，一有机会就迁就对方的感受作为弥补；而有的人，却会觉得伴侣的迁就是理所应当的，甚至会因为伴侣开始跟自己有意见分歧而心存不满，所以要求对方在思想上更服从于自己。对方稍有不从，就拿出"你这样就是不爱我了"的"道德大棒"去质疑对方。这个例子里的女生就属于后者。

这两种人的区别在于其认知是不是自我中心的。

自我中心，从认知心理学的角度来说，是指一个人有着凡事以自己的需要和利益为中心的思维，是认知发展处于前运算阶段（2~7岁）的儿童的认知特征。说白了，自我中心，最多处于小学生一、二年级的认知水平。

自我中心的具体表现有二：一是一个人只能从自己的角度去看事情，没办法从他人的角度去思考；二是一个人只能孤立地思考当下的事情，而没办法综合过往和未来去思考事情。

在前文的例子中，女生没能认识到，对自己来说很熟悉、很亲近的父母，在男生看来，却是需要他精神紧绷着、保持客气地去应对的长辈，这就是女生只能从单一角度看事情的体现。此外，女生在买房这件事上执着于让男朋友妥协以表明他对自己的爱，却没能看到男朋友在此前已经为她妥协了工作、租住地和通勤方案，也看不到这些妥协对男朋友精神和体力的消耗，这就是女生只能孤立地看当下的事情的体现。

自我中心的人，会认为别人理所当然应该优先考虑自己的需要和利益，会投射性地认为别人对事物的好恶感受和看法是跟自己一致的。一旦别人不优先考虑自己的需要和利益，那别人就是人品不行、道德不行或脑子不好的人；如果伴侣的看法跟自己的看法不一致，那就是伴侣不够爱自己。

如果我有个自我中心的伴侣，那么我的体验往往是"我的需求没有被考虑过""我的付出没有被看到、没有被珍惜""我的感受没有被理解"，以及"我的想法没有被尊重"。时间长了，在这段关系里，我就积攒了很多负面情绪，自然会觉得这段关系并不值得自己继续付出，因此再多的爱也会被消磨光。因此，自我中心的人在感情里尽管总是会被宠、被偏爱，但往往也是被分手的那一方。

如果你也是个自我中心的人，那么对接下来的内容，你就要认真记笔记了。

要转变自己的自我中心，要遵循的根本思路是，脱离原先的视角，通过多个角度来审视自己，进而更加了解现实。

在这里，我提供四个审视自我的角度。

第一个角度，是自我反驳。

人对事物的认识，必须经过一个否定之否定的过程。没有任何一件事永远绝对正确。当你认为自己对一件事的判断是绝对正确的时候，你就需要反省下自己忽略了哪些信息，尝试转换立场来反驳自己。你虽然无须驳倒自己，但是至少需要找到一个反证，让自己的认知更接近事实。

比如案例中的女生认为男朋友在买房这件事上不妥协就是不够爱自己。如果她要论证这个论点是错误的，那她就需要找证据论证"他不在我父母家附近买房是对的"，比如"我认识的男生里基本没有跟岳父母住这么近的，保持距离好像是常态""父母家附近就业机会少，到时我们上下班会很麻烦""跟父母住太近不太自由，总会被他们管着"等。至少需要三个反驳的理由，才能让一个非理性的自我中心的执念松动。

第二个角度，是自我反思。

自我中心的人，由于太过重视自己的想法和感受，因此总会在不经意间强迫别人接受自己的观点、满足自己的需求，或者做出忽略别人感受的事情。

我不要求你吾日三省吾身，我只要你每天找个固定时间自我检讨一次："我今天有没有做让我的伴侣、父母不开心的事情？"通过养成反思的习惯，我们可以让自己有这种考虑他人感受的意识。

第三个角度，是自我换位。

换位的具体思路，是让自己对自己无法理解的别人的行为，进行角色替换和成本收益调整，帮助自己意识到先前忽略的信息，进而尝试理解他人。

我们以女生不理解男朋友不愿和自己父母靠太近这事为例，对自我换位进行说明，如表 2-1 所示。

表 2-1　自我换位示例表

步骤	内容
无法理解的别人的行为	他不愿意与我父母频繁接触。
角色替换	我不愿意与他父母频繁接触。
成本收益调整	他是内向的人，不喜欢社交，社交成本比我高、收益比我低。
尝试理解他人	因此他与我父母频繁接触的心累程度比我与他父母频繁接触的心累程度更深。

案例中的女生只有通过角色替换体验到男朋友的感受，并站在男朋友的角度衡量一个行为的成本和收益，才能从感受和认知上都理解男朋友，并且不再苛求男朋友按照她的期望行事。

第四个角度，是自我觉察。

自我觉察，又叫自知力，是让自己知道自己在做什么以及做这件事的原因和结果的一项自我监控能力。自我中心的人都很容易被自己的情绪影响，做出不符合自身长远利益的行为，因此他们需要学会聚焦自己的心理需求，围绕需求去改变行为。具体的方法是记录情绪事件，记录内容参考如下。

①日期：×月×日

②地点：出租屋

③情绪：生气

④事件：男朋友说如果把房买在我父母家旁边就不结婚了

⑤想法：他不爱我了，得到了就不珍惜了

⑥心理需求：感受到被爱、被迁就

⑦行动：和他吵架，跟他说"不结婚就不结"

⑧结果：冷战

如果女生意识到自己真正的心理需求是通过被迁就体验到被爱，那么她就不会再执着于在父母居住的小区买房这件事，也不会通过吵架这种几乎不能让自己感到被爱的行为去寻求爱了，而会用更温和的态度找更容易实现的事情让伴侣妥协。

记录情绪时有几个要点需要注意。

第一，我们必须用具体的情绪名词记录情绪，而不能混淆想法和情绪，比如"生气"是情绪，而"想打人"则是想法。

第二，事件的记录需要客观。所谓客观就是，我们要按照"谁在什么地方、在什么时候做了什么事情"的格式表达事件，而不能混淆事实和评价，比如"男朋友（谁）说如果把房买在我父母旁边就不结婚了（做了什么）"就是个事件，而"男朋友不愿意迁就我"则是自己对此的评价。

第三，关于行动和结果的记录是在事件发生之后你紧接着采取的具体行动，比如在这个例子中的行动——"跟他吵架"就是"男朋友说如果把房买在我父母家旁边就不结婚了"这个事件发生后，女生立即采取的行为，而"回家后提分手"则不是在当时当场做出的行为。

按照标准记录了至少十个情绪之后，你需要看着记录内容，思考如下四个问题。

第一，自己经常出现的情绪是什么？

第二，这些情绪有什么规律或共同点，诱因是某个人、某个时间、某个地点、某类触发事件、某个想法还是某个愿望？

第三，事件发生后你采取的行为符合自己的愿望吗？

第四，下次如何调整行为才能让结果和自己的愿望更接近？

你需要周期性地对这份记录进行复盘，比如一周用上述四个问题复盘一次自己的情绪、想法和行为规律，思考有哪些可以调整的地方。坚持记录和复盘，你对自己的调整就会越来越精准，现实和你的期望间的差距也会缩小。

自我反驳让你不再顽固，自我反思让你有考虑他人的意识，自我换位让你真正理解他人，自我觉察让你能全面地分析并改变自己。只要你坚持从这四个角度审视自我，不出一个月，你身边的人就都会感受到你的巨大变化，你的伴侣也会更加坚定想和你一直走下去的决心。快行动起来吧！

第三节

觉察 3：二元的非黑即白思维

曾经找我咨询的一个女生，就有非常典型的非黑即白思维。她跟男朋友吵架时，经常说一句话："你这么做就是不爱我。"

在她看来一个被爱的人是不会受委屈的，因此自己一旦在恋爱中有了不好的情绪，就会觉得伴侣是不是不爱自己。

一开始，她的男朋友看到她生气了就会立马道歉，可现在她说这句话也不管用了，她的男朋友听到后只会不耐烦地说"不爱就不爱吧，爱咋咋地"，因此她在犹豫要不要分手。

怎么做才算爱一个人？这是个没有标准答案的问题，"爱"并没有一个公认的定义。

而由于大部分男生追求女生时，都会把女生的感受放在首位，对女生百依百顺，因此，很多女生在恋爱中会以自己的感受作为判断对方是否爱自己的依据，认为自己感觉舒服就说明对方爱自己，自己感觉不舒服就说明对方不够爱自己。

从个体经验的角度来说，这是合乎逻辑的，毕竟你之所以选择跟一个人在一起，自然是因为他能够考虑你的感受、满足你的需求，而不可能是因为你在跟他接触的过程中特别难受。虽然你的恋爱感受好坏确实与对方爱你与否有关，但是这种把"感觉不舒服"等同于"他不够爱我"的非黑即白思维也是错误的。

非黑即白思维，是指只用两种截然相反的评价去评判一个事物，如"好或坏""对或错""爱或不爱"。在前文的例子中，女生评判男朋友对待自己的方式时，就只用了两个完全相反的评价，要么就是"你爱我"，要么就是"你不爱我"，这就是典型的非黑即白思维。

非黑即白思维是一种近乎本能的原始思维，这种思维的最大优点，是快速、效率高；而最大的缺点，则是应付不了复杂情况。

比如一只猫发现有陌生人靠近，立马跑远，这就是非黑即白思维运转的结果：这个物体是坏的，可能会伤害我。而当猫看到街角的小鱼干时，它会立马冲过去把小鱼干叼走，这也是非黑即白思维运转的结果：这个东西是好的，吃进去舒服。

对应到我们人类社会也是一样。在原始社会，人类用非黑即白思维就可以活得很好了，会伤害自己的事物就远离或反抗，会让自己舒服的事物就占有，那时人类几乎不会面对太多复杂的问题。

可到了现代社会，问题就都复杂得多了。比如，对于前文中女生犹豫的难题——在这种情况下到底要不要分手，一百个人可能会有一百个完全不同的答案，即使只是解答她的前一个困惑——他这样算不算爱我，其答案也见仁见智。

现代社会文明发达，蕴含太多抽象的概念，以至于非黑即白思维几乎无法解决我们当下的问题，反而还会带来很多麻烦。

非黑即白思维带来的最大问题，是我们很容易由于客观世界不如所愿而常有负面情绪。

就客观情况而言，纯粹的"白"和"黑"都只占这个世界的很小的一部分，这个世界中的大部分事物其实属于介于二者之间的"灰"。

恋人或夫妻间，爱到愿意为对方牺牲生命的人是少之又少的；不爱到为了一点钱就能把对方抛弃的人，同样是少之又少的。

大部分人对伴侣的态度是在条件允许范围内对伴侣好，在自己不太难受的情况下尽量让对方开心点，因此伴侣之间同样也会有冲突对抗的时刻。

如果你是一个有非黑即白思维的人，那么你很可能接受不了大多数关系。

你会期望伴侣能一直给你带来积极的体验，从而确定自己是被爱着的。一旦你们产生了冲突，对方不以你为中心了，比如他忙工作时不回复你的消息，你想出门逛街时他却想跟兄弟"开黑"，你就会觉得对方不爱你了，然后陷入困扰，产生分手的念头。

事实上，就算是你最爱吃的东西，如果你天天吃，那么时间久了你也会觉得平淡。感情也是一样的，时间久了变平淡很正常；有时让自己开心，有时让自己不开心，这也很正常。期望一段感情能从始至终都给自己带来积极体验，结果就只能是自己长期处于失望、焦虑、愤懑等负面情绪中，人见人怕。

非黑即白思维简化了这个世界，导致我们无法理解这个世界的规律，进而导致我们的行为与目标不相符甚至相反。

我们对客观规律的学习过程大致是这样的：

观察现象—提出假设—研究学习—验证或者推翻假设—得出结论

比如，我朋友在读研究生的阶段就长期调研离婚这个课题，他跟导师走访了两百多位离婚夫妇和十余位离婚律师，这些离婚者中有20 岁出头的，也有孩子上大学后才终结婚姻的。

他们的调研方式，是结合一些婚姻中常见的矛盾，如出轨、观念不和、财产问题等做问卷和访谈，最后得出了一系列结论，比如离婚者中有三分之一存在性生活不合，自由恋爱的离婚率竟然比相亲的离婚率高得多等，最后他们产出了一篇关于离婚调研的论文。

可有非黑即白思维的人看到上面这些案例，只会想：**原因哪有那么复杂，离婚还不就是因为不爱了。**

而且他们还能逻辑自洽：如果爱，他自然会处理好各种矛盾，怎么会提离婚呢？

无论什么感情维护知识、婚姻维护理论，在有非黑即白思维的人看来，全是废话，他们坚信的客观规律是：爱就是爱，不爱了就是不爱了，如果爱，不管对方怎么作、怎么闹，哪怕跟他家里人结仇，他也会继续爱对方，如果不爱了，即便对方国色天香、智慧过人、任劳任怨，他也不爱了。

因此，有非黑即白思维的人，如果确认伴侣爱自己，那么就会肆无忌惮地放飞自我而不顾及伴侣的感受，结果导致伴侣受不了而想远离。

有非黑即白思维的人如果不确定伴侣是否爱自己，就会判定伴侣"不爱"自己，接着要求伴侣改正"不爱"的错误，让他立马"爱起来"，这种无视具体问题，无视对方感受的表达，只会让感情雪上加霜。

非黑即白思维会导致人们解决问题的思路过于简单粗暴。

比如前例中，女生对男朋友"不爱我"的状态不满，她对此的解决方案只有两个：要么分手，要么不分。然后她便在这两个方案中犹豫，思考到底是分手还是不分手。

事实上，解决问题的方案有很多，比如明确表述自己的要求然后观察对方的执行程度，比如双方开诚布公地沟通了解对方行为背后的原因，再比如去询问朋友的观点和建议。但凡她选择其中一个方案并实践一段时间，"分手还是不分手"这个困扰她的难题自然就会有答案了。反之，一上来就考虑分不分手，那就会一直让自己处于分了怕孤独、不分怕痛苦的矛盾状态中。

类似的疑惑还有"男朋友留着前任的微信，我应不应该和他分手？""男朋友跟女生聊天，我该不该和他分手？""是作更容易让自己被爱，还是讨好对方更容易让自己被爱？"等等。但凡是一上来就犹豫该不该分手或经常陷入两难困惑的人，大都具有非黑即白思维，他对现实情况的理解过于简单粗暴，自然也解决不了问题。

习惯运用非黑即白思维的人，会经常有负面的情绪、行为和目标，经常背道而驰，对现实问题的理解过于简单以至于很难沟通、很难和别人达成共识，因此这类人的伴侣往往会被影响得越来越不愿付出、不愿沟通，并最终分手。

那我们要怎么转变自己的非黑即白思维呢？

这里我提供三个削弱非黑即白思维的工具，它们分别可以用在面对两难问题时、争是非对错时和面对无法接受的事实时。

第一，犹豫于两难问题时，我们要后退一步重新定义问题。

有非黑即白思维的人很擅长给自己制造两难问题，比如案例中的"分手还是不分手"，以及生活中常见的"选爱情还是选事业""应该委屈自己还是坚持自我"等。针对这类两难问题，可能连哲学家都很难给出一个圆满的答案，因此应对这些问题的思路不是去求解，而是跳出自己画地为牢的两难境地，把两难问题本身作为待解决的问题去求解。

我们可以把"分手还是不分手"转化成"我要如何处理我近期的分手冲动"，随后便会发现，可以选择把注意力转移到爱好上，可以跟伴侣讨论如何处理问题，可以找咨询师探讨这种感受，可以顺着感受暂时疏远关系等。

我们可以把"选爱情还是选事业"转化成"我要如何处理感情对

我工作的负面影响"，随后会发现，可以选择减少投入感情的精力，可以具体化造成负面影响的过程再对此进行调整，可以学习感情维护的方法，让感情的负面影响转为积极影响等。

我们可以将"应该委屈自己还是坚持自我"转化成"我要如何处理感情中的委屈情绪"，随后会发现，可以选择把情绪向伴侣发泄或表达出来，可以学习 ABC 理论[1]调整自己的看法，可以通过放松训练增强自己对委屈情绪的承受力等。

所有两难问题，背后其实都有一个有无穷解法的现实问题。我们只有把"我应该选择 a 还是 b"转变成"我要如何处理突然出现在我人生中的 ×× 挑战"，才算是找到了真正的问题，也就不会再陷入无解的两难境地。

第二，争是非对错的时候，给爱下一个定义。

有非黑即白思维的人会很执拗地认定自己做出的判断是正确的，并因此要求身边的人遵从自己的判断，可伴侣却往往不认可其判断。问题就出在有非黑即白思维的人在进行判断时大都存在定义不清或定义错误的问题，这导致其跟伴侣无法达成共识。

比如前文中的例子里，那个女生说"你这样就是不爱我"，其中的"爱"就定义不清。我建议她对爱下一个准确点的定义：**爱是一种以对方感受为标准的付出。**

---

1 后文会对此有详细解释。——编者注

这个定义中的关键词有两个，一是对方感受，二是付出。

爱是付出，把东西给对方才说明自己爱对方，爱是利他。

爱需要考虑对方感受。单方面的付出只是在自我感动，付出对方需要的东西、让对方更加快乐，这才是爱。

定义清楚了问题，我们才能更好地评判出一段感情中的是是非非，也才能以同一个标准去衡量自己和对方的爱是否达标。

当然，如果你不同意上面这个关于爱的定义，你也可以有自己的定义，但为了让你的感情中能少点矛盾，你对爱的定义至少需要服从以下三项原则：

暂时不想跟你沟通≠不爱你；

暂时想自己一个人待着≠不爱你；

不愿满足你的需求≠不爱你。

第三，面对无法接受的事实时，我们要学会转换立场。

有非黑即白思维的人有一个很大的优点——疾恶如仇。理想主义者往往不接地气，不遵从客观规律，期望振臂一呼便能改变现实，其结果自然是对现实不如己愿越发不满，甚至愤世嫉俗。

因此，面对无法接受的事实时，我们要学会转换立场，做到黑中找白、白中找黑。

比如，如果你无法接受的事实是"恋爱常态就是，对方的态度不会如他展开追求时那么积极"，那么这个事实带来的好的一面就是，你可以有私人时间忙于自己的工作学习、社交和爱好，可以因此学习沟通和关系维护。

比如，"你无法接受的事实是男朋友有前任"，那么这个事实带来的好的一面就是，最起码男朋友对恋爱的期望会现实一些，他也会更懂得如何跟女朋友沟通相处。

比如，你无法接受的事实是"男朋友不愿给承诺"，那么这个事实带来的好的一面就是，这最起码说明他是个重视承诺、有责任心的人，而且不愿欺骗你，是个诚实的人。

凡事都辩证地看，你就不会有那么大的戾气，也更能够理解这个世界、理解他人。辩证思维不是鸡汤，不是阿 Q 精神，而是**所有事实确实都可以从两个对立的立场去评判**。与其死死抱着自己的立场并要求别人也都按照自己的立场去看待事物，你不如尝试转变立场，增加一个角度，从别人甚至反对者的立场去看待事物，这样你的认知才更贴近真实，你的人生和感情也才会更可控。

觉察 4：负面诠释的危害

假如，恋爱了两年的男朋友，态度突然冷淡了，每天都很少发信息，打电话的时候也没有兴致；周末还忙工作，不忙时也表示想休息、睡觉，而不想陪你约会、逛街。你会怎么想呢？

我们本节中故事的主人公，就是遇到了这种情况。

男朋友自从跳槽，就很少主动发信息给她了。下了班，男朋友也经常跟新同事吃饭，或参加客户的饭局而不是陪她或给她打电话。相比于之前二人一起吃饭、一起上下班的生活，现在的生活让女生觉得落差很大。她渐渐开始怀疑男朋友认识了新的女生，认为他的冷淡是故意在对她使用冷暴力，觉得男朋友是在等自己提分手。

因此她生气了，男朋友发信息，她选择不回复。

男朋友一开始还不明就里，等知道她的想法后，就觉得她太不懂事了，完全不去理解他要融入一个新团队和处理新工作有多累，反而一个劲把他往坏了想。而女生认为错在男生，是男生既没有给她足够多的安全感，也没有及时安抚她的焦虑，才导致她胡思乱想。

结果两个人大吵了一架，冷战了很长一段时间。你怎么看待这个案例呢？

很多人都有类似的思维习惯：担心自己受伤害，一旦感情中出现矛盾，自己就会预设伴侣动机不纯以提前止损，只有伴侣愿意耐心解释安抚他们，他们的情绪波动才会得到缓解，他们才会重新信任对方。

但现实却是，伴侣不知道他们在想什么，因此什么都没有解释，或者在知道他们这么想后感到愤怒。

这时，两个人的负面情绪就缠绕在一起了。女生会觉得："你觉得我想错了就不能好好说吗？"或者"生气就代表心虚。"男方则认为："你都这么想我了，应该你跟我道歉才对，为什么还要我认错？"

对待女生的这类困惑，我往往会举下面的这个例子帮助她们理解伴侣的感受。

假如现在你来面试，我是 HR，你自我介绍说自己是北京大学国际关系学院外交学专业的。

我："北京大学有国际关系学院吗？"

你："有的，北大东门进门右手边第一栋楼就是。"

我："哦，那你说你原先的工资是两万元？"

你："是的，每个月上下波动但平均是有两万元的。"

我："哦，但是你原公司的岗位考核方式是按季度的，工资又怎么会每个月上下波动呢？"

你："每个月工资构成是底薪加季度绩效加项目奖金加每月评级奖金，因此工资会上下波动。"

我："哦，是到手还是税前？"

你："是到手的。"

现在，你觉察下自己的感受，你是很希望跟我这个 HR 多聊一些然后建立关系，还是会希望尽快远离我呢？

从内容上来说，对话只是 HR 在了解求职者的原工作信息。虽然 HR 确实有理由问这些问题，但是让人难受的地方在于，每个问题都透着对你所说的话的不信任。因此在正常情况下，现在你的情绪会很复杂，既有愤怒，又有委屈，还有烦躁。

而这些被冤枉的愤怒、不被理解的委屈和反复解释的烦躁，恰恰就是你的伴侣在被你进行负面诠释时的感受。

负面诠释，是对行为动机进行负面消极的揣测，是将对方置于不道德的境地后要求对方自证的过程。这个过程本身对对方来说就是一种伤害。

负面诠释对感情的破坏还不止于此。**你对他人的评价，往往会暴露真实的你**，因此负面诠释会让你的伴侣越来越了解你有多阴暗，这是认知层面上的投射原理。比如，女生认为男朋友跟自己的联系少了是在对自己使用冷暴力。男朋友这么做的真实动机是什么不好说，但可以确定的是，这个女生过去有过类似使用冷暴力的行为。

因此，在感情里，负面诠释越多，就说明你自身的阴暗面越多，你在伴侣心中的形象也就越容易降低。

决定情绪的不是事实，而是你对事实的看法。

你对伴侣的负面诠释导致的负面情绪，也是无法通过伴侣的自证清白来缓解的。

美国心理学家艾尔伯特·埃利斯创建的经典的 ABC 理论阐述的就是这样的一个原理：决定你有什么情绪的不是事实本身，而是你对事实的看法。

举个例子，假如你男朋友每天都接送你上下班，身边的同事都经常表示羡慕嫉妒，还有单身女生向你请教挑对象的方法和关系维护的思路，此时的你应该会很开心。

但是，有次你无聊时去翻男朋友和他前任的微博，发现他之前也会接送前任上下班。此时，你应该会很不开心。

客观上来说，男朋友的行为从始至终其实都没有变化过，都是接送你上下班，也就是事实没有任何改变，你的心情却从一开始的开心变为后来的不开心。其中起作用的，就是你对这个事实的看法、你的评价。

这就是 ABC 理论的原理。

ABC 理论把情绪拆解成三部分：事实、看法、情绪的结果。

事实，是指谁在什么地方在什么时候做了或没做什么事情。

看法，是指自己当下对前述事实的评价。

情绪的结果，是指当下自己体验到的情绪和行为的结果。

我们再以 ABC 理论拆解本节故事的女主人公的认知过程。

从女生的角度来看，事实是"男朋友去新公司后没有像之前那样频繁地联系自己了"。

她对此的看法是"他可能认识新的女生了，他在用冷暴力逼我分手"。

她的情绪是"生气、伤心"。

如果她的负面诠释是事实，那她的男朋友的确存在冷暴力行为。

可事实并非如此，事实仅仅是她的男朋友不像之前那样频繁地联系她而已。

这个事实，固然可以被从负面解读为"他可能认识新的女生了，他在用冷暴力逼我分手"，但也可以被解读为"他工作太忙，顾不上我"或者"热恋期过了，他重新将精力放到工作上了"，还可以被正面解读为"他在努力赚钱为我们这段感情打婚姻基础"。

女生如果认为他在使用冷暴力，女生就会生气；如果认为他只是忙工作或者热恋期过了，女生就只会有小失落；如果认为他是在为了以后能结婚而努力，那女生就会有满满的幸福感。

我们的想法对自身情绪的影响实在是太大了，同一个事实从不同的角度去解读，我们甚至能产生完全相反的情绪，因此我们对自己的想法要持一种谨慎审视的态度，而不能误以为自己的想法就是事实、真理。

　　当然，负面诠释的思维不是你知道了这种思维有问题就能改变的，你需要通过思维训练才能修正负面诠释。

　　当你有情绪的时候，先问自己："我是不是认为他可能是个坏人？"如果答案是"是"，那么你就运用以下表格（见表2-2）纠正自己的思维：先记录自己感受到的情绪，接着回忆引起这种情绪的事实，再思考自己是怎么看待这个事实的，最后逼自己想出更多不同看法甚至是跟原看法完全相反的看法，从而把最初的负面诠释"他就是这样坏"，转变成"他是在客观上能力不够"。

　　这听起来很复杂，不过写成表格就简洁明了了。

表 2-2　负面思维纠正示例表

情绪	事实	看法	不同看法或相反看法
生气	男朋友不像之前那样频繁地联系我	他在对我使用冷暴力	①他工作太忙 ②热恋期过了 ③他为了结婚在努力赚钱
生气	暧昧阶段时他还在接触另外两个女生	我只是个备胎，他是海王	①找对象时分散投资正常 ②在一起后他没主动找别的女生 ③他现在对我挺好的
生气	结婚纪念日他没有任何表示	他不够重视我	①他最近忙 ②他本来就是个粗线条的人 ③他在日常生活中很重视我

　　当然，做这个训练不是为了让你自欺欺人地做个没有负面想法只有正面想法的傻白甜，就像案例中女生的猜测也可能是正确的，她男

朋友确实有可能是因为有了新欢所以对她使用冷暴力，我并不否定消极可能性的存在。我强调的是，**在有足够证据之前，先尽量带着善意去解读事物，往积极方向去想。**

　　负面诠释是一种对感情破坏力很强的思维方式，而积极诠释则是让感情升温的利器。怎么选，相信聪明的你，心里已有答案。

第五节

觉察 5：受害者思维

你身边有没有总在抱怨的人呢？他们在遇到不顺心的事情时，总爱找身边的人抱怨诉苦，他们会和祥林嫂一样一遍又一遍地对别人说自己有多可怜、多委屈、多凄惨。身边的人一开始也会很同情他们。

可一旦身边的人出于好意，出谋划策教他们如何摆脱现状，他们又会像受了天大的委屈般变得愤怒，痛斥这个好心帮忙的人不够理解自己有多惨，是站着说话不腰疼，随后换另一个诉苦对象继续从头开始。直到身边的人都不愿再搭理他们了，他们就怨天尤人，表示这个世界上没人理解自己。

这类人从来不想靠自己改变现状，无论现状有多惨，他们都只是希望身边的人能基于同情自己而替自己改变现状。这些人，就是擅长上演苦情戏的有受害者思维的人。

本节故事的主人公，我们叫她小元。小元谈了恋爱后，什么事都喜欢问男朋友的意见，大到该离职还是继续工作，小到中午外卖点哪家、逛街衣服买哪件。小元很享受这种有人帮自己做决定的感觉，有一种找到了人生依靠的踏实感，而且男朋友的决定也确实总是会比她的决定更明智，男朋友也很享受这种被依赖、被信任的感觉，但偶尔，他们也会因此产生矛盾。

前段时间，小元发现自己有点掉头发，她觉得自己的脱发应该是太焦虑、压力太大导致的，于是她絮絮叨叨地跟男朋友倾诉自己最近的工作压力，吐槽那些难搞的客户，埋怨同事和领导。男朋友听完表示，工作是手段，生活才是目的，不能因为工作熬坏身体，于是建议她去跟主管沟通调整工作量。小元听到男朋友提的建议，顿时就无名火起，觉得他完全不关心自己有多累而只想聊完天走人。

男朋友见形势不对，赶忙安抚她的情绪，好一会儿后才问她的想法。小元说自己太累了，不知道该怎么办，男朋友就小心翼翼地建议让她辞职在家休息一段时间。这次小元倒没生气，过了几天她就交了辞职信，随后在家歇了两星期，等精神状态好点了才开始投简历。结果她才发现，市场行情不好，加上刚好遇到秋招，同岗位薪资比原先少了一截，投了一星期简历都没有找到合适的岗位，一个半月后不得不选择了一家待遇、福利不如原来的小公司。

有天她刷朋友圈，看到了原公司团建坐游轮去国外旅行，小元对比之下就觉得特别郁闷、烦躁，一连好几天都开心不起来。男朋友见她闷闷不乐就安慰她说现在的工作最起码清闲点。她一时就气上心头，说："清闲有什么用！当初要不是你劝我离职，我熬一熬现在就在游轮上度假了！要不是因为你，我哪会是现在这样！"说完小元就委屈地哭了，男朋友顿时也大为光火，有好事就没有自己的功劳，有坏事就得自己来背锅。

有受害者思维的人在遇到糟糕的事情时，不会行动起来改变现状，而只会缩在角落里自怨自艾，感叹自己的可怜可悲，他们会想："**我明明没有错，却被如此对待，我真是太可怜了；我明明没有错，他却来伤害我，他真是太坏了。**"

如果伴侣能够注意到"受害者"们的自怜状态，关心并**替他们解决问题**，那么他们便会将伴侣奉为救世主并越来越依赖对方，把越来越多责任推卸到对方身上。

如果伴侣们注意到了"受害者"们的自怜，并给他们提供建议，那么"受害者"们则会把这种建议理解为"他不想帮我解决问题"而变得烦躁、愤怒。

如案例中，小元向男朋友倾诉自己近期的压力和焦虑，其实不是为了寻求建议和指导，而仅仅只是为了让男朋友理解她有多可怜、多委屈，因此当男朋友把注意力放在解决问题上时，她就会由于男朋友忽略她的感受而生气。

如果伴侣们注意不到"受害者"们的自怜，那么"受害者"们就会由于被伴侣忽视而更加自怜，心想："他居然没有注意到我的可怜。"随后，他们便陷入无穷无尽的自怜情绪中，感觉受到了莫大的伤害。

跟"受害者"们相处久了，会感到疲惫和委屈

有一个有受害者思维的伴侣是一件很折磨人的事情。当你做了不恰当的事情让"受害者"伤心了，他不会跟你据理力争或强调自己的感受，而是会悲哀地认为自己遇人不淑，接着脑子里就开始放映苦情戏，一幕幕全是过往你忽略其感受的画面，让负面情绪发酵到无法处理的地步，然后就自己默默自怜。

"受害者"们在遇到糟糕的事情时，不会研究怎么解决问题，而只会研究如何追究责任。和"受害者"们越亲近的人，往往被追究的责任就会越多。比如某个"受害者"工作时被公司领导骂了，他会责怪父母没能给自己好家境，会责怪伴侣收入太低，否则他也不用上班，而且会理直气壮地冲父母和伴侣发脾气，却不会去思考以后如何减少被骂的概率。

因此跟"受害者"们相处久了，伴侣们会由于经常被责怪而排斥这段关系，也会由于承担了过多责任而感到疲惫和委屈。

归因风格使"受害者"们的生活越来越糟糕

有受害者思维的人的个人归因风格属于外控者。

所谓归因风格，是指一个人对一件事发生原因的推测倾向，主要分为内归因和外归因。内归因，就是把事件发生归因为个人能力、态

度、特点、情绪等**当事人**个体内部因素；而外归因，则是把事件发生归因为外部环境、客观情况、他人干扰等**当事人**个体之外的因素。

更倾向于内归因的人，被称为内控者。内控者认为自己可以控制外部环境，事件成败都是自己的努力或能力所致。更倾向于外归因的人，则被称为外控者。外控者认为自己无法控制外部环境，事件成败都是外部原因导致的。而**有受害者思维的人，就是外控者**，即无论事情发生在自己还是别人身上，无论事件性质好坏，他们都更倾向于外归因。

自己升职加薪了，他们会认为原因主要还是运气好，其次才可能是自己的努力；自己降薪了，他们会认为原因是公司领导针对、同事排挤、伴侣出馊主意、运气不好等。

结果就是，当遇到糟糕的事情时，"受害者"们只能看到外部因素，只会埋怨外界，几乎无法意识到自身需要承担的责任。可外部世界并不会因为他们的埋怨而有分毫改变，结果就是"受害者"们身边的人为了避免被无故追究责任而对"受害者"们避之不及，而"受害者"就一路自怨自艾，眼睁睁地看着自己的生活陷入越来越糟糕的境地。

归因转换：从外归因转为内归因

有受害者思维的人，需要学会转变自己的受害者思维，把个人归因风格从外归因转变为内归因，从自身找改变现状的办法。

作为"受害者"，如果我们遇到让自己难受的倒霉事情时，可以按照表 2-3 所示步骤拆解每件让自己难受的事情。

第一步，写下让自己难受的事情，要注意写清楚"什么地方什么行为导致什么结果"。

第二步，进行归因，按照自己的归因习惯，写出导致事件发生的最主要原因，只写一个。

第三步，写下自己维持现状的原因。在很多情况下，我们都会认为自己不得不维持现状，事实上我们的每个行为都是潜意识权衡利弊的结果：维持现状有好处，于是我们选择了维持现状；维持现状又有坏处，于是我们产生了负面情绪。我们必须把维持现状的好处都列出来，才能够意识到阻止自己改变现状的力量是从何而来的。

第四步，写下自己现在做什么能改变现状。只要对改变现状可能有点帮助的行动，我们就写下来，每个现实问题至少会有三种解决方案，这里不做过高要求，写两项改变现状的措施即可。

第五步，写下当初做什么可以避免现状出现，以提前减少"受害"的可能性。

这个方法的核心，是第二、三、四步。

第二步是为了让"受害者"们看到自己是如何将现状归咎于他人和外界的，第三步是为了帮助"受害者"们意识到维持现状并非迫不得已，而是自己潜意识权衡利弊的结果，第四步是为了帮助"受害

表 2-3 归因转换示例表

让自己难受的事情	归因（这件事为什么发生）	维持现状的原因	现在做什么能改变现状	当初做什么能避免现状出现
帮离职的同事收拾烂摊子很频，难度很大	我倒霉	①主管脾气大，不敢去沟通 ②离职后不确定下份工作怎么样	①向主管求援 ②让主管降低要求 ③离职	①提升工作能力 ②选择离职率低的公司 ③选择内部管理更规范的公司
跟男朋友诉苦告诉他不理解我	他对我的感受不关心	①现在太累，由着本能最舒服 ②想惩罚男朋友让他不那么轻松	①告诉他我需要的是情绪被看到被关注 ②找我更能理解自己的人诉苦	①事先告诉他我只需要他听我说我有多难受 ②找他有空的时间说 ③找他一同解决方案
新公司待遇和前景比不上旧公司	男朋友出的主意不好	①现在的工作清闲一点能休息 ②不确定下份工作怎么样 ③新公司人际关系氛围好	①继续看别的工作机会 ②问下原来的主管能不能回去 ③趁有空发展副业	①离职前先看市场招聘行情 ②先梳理下现在工作的好处和坏处

者"们把注意力从自怨自艾转移到解决现实问题上，通过逐步增加"受害者"们承担的责任，让现状有改变的可能性。

　　只要坚持进行练习，"受害者"们就能降低自己的外控程度，从而有勇气和能力去面对现实问题并改变现状，而不是让亲密关系变成自己受害者思维的牺牲品。

| 第三章 |

爱的重建

调整：稳住心态，才是挽回的制胜法宝

你们知道我对进行挽回咨询的学员说过最多的一句话是什么吗?

"情绪期不要做任何决定。"

挽回之所以是情感领域耗时最长、难度最大、最折磨人的项目，是因为它具有起死回生的性质，挽回者的心态也是一个大难题。

失恋的人往往处于强烈的悲痛、悔恨、愤怒和恐慌之中，这些极端的情绪非常容易推动他们去做出一些不理智的行为，造成对挽回十分不利的后果。

失恋的你可能也曾有以下这些行为：

① 不断地解释、求和、道歉

② 疯狂发信息、打电话，甚至想见对方

③ 卖惨、装可怜，利用对方的同情心

④ 全方位"监视"前任的动态

⑤ 强烈的不安和不适应

如果你有这些行为，那么小心，你正处在失恋的负面情绪循环中，如果不先调整心态，它们将左右你的整个"战局"。

挽回时强烈的情绪是不可取的

心理学界有一条非常著名的耶克斯－多德森定律，非常直观地展示了为什么挽回时强烈的情绪是不可取的，如图 3-1 所示。

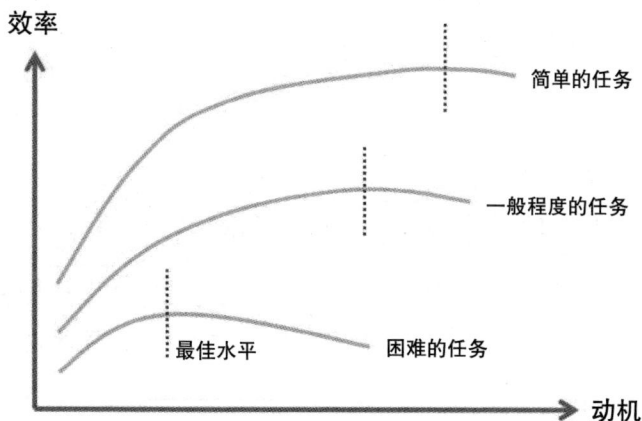

图 3-1 耶克斯 - 多德森定律图

这个定律实际上反映出了动机和效率之间的关系。对于非常简单的任务而言，越强的动机越有利于达成目标，而**对于困难的任务而言，过强的动机反而容易让人把事情搞砸，较弱的动机才有利于推进局面**。

为什么在挽回当中，保持中等偏低水平的动机尤为重要呢？由于挽回是一个十分困难的任务，因此**较低水平的动机更能够帮助你从理性、长远的角度去看待问题，认真地规划和做好每一步**。其实这也是挽回当中最难做到的一点。

即使一个人非常自律，能认认真真地做好自己该做的改变，在面对前任本人时，还是会忍不住急功近利，暴露自己的需求感，而且更为可怕的是，在大多数情况下，对此当事人是不自觉的。

这就是为什么有时你觉得自己明明没做什么，却莫名其妙地把对方越推越远了。

可能大家未必都有过被挽回的经历，觉得这个尺度还是不好把握的。其实大家把挽回这件事情比作推销，就能明白了。如果一个销售频繁地打电话找你，无事献殷勤，你会如何看待他的行为呢？不用想，你肯定知道他就是想哄你购买他们的产品，而你对此的态度几乎一定是：别催了，烦死了，东西好不好我知道，我想买的时候自然会买，不用你叨扰。

挽回前任时的心理博弈过程也大致相同。当你接近他时，他一定知道你有复合的打算。不然你找他还能干什么呢？交流近期股市涨跌吗？因此哪怕你认为并没有暴露需求感，"我又没有提什么要求，又没有说什么暧昧的话"，实际上对方都已经心知肚明了，只是你还不知道他知道。

而前任的心态，大致也和接到销售电话时是一样的：你不用这么赤裸裸地向我推销你自己了，我知道你什么意思，是好是坏我有自己的看法，我有意思的时候自然会做出回应的，不用你叨扰。

然而，你就是死活忍不住推销自己。你害怕失去他，这种负面情绪催生出了强烈的复合动机，你心急地想得到回复、想见面、想和他好好聊聊，每次都依依不舍、得寸进尺、百折不挠，被拒绝后还抱怨"他为什么就不能给我个机会"。看你这负能量满满的样子，谁愿意给你机会呢？

又或者，你过度揣摩对方心里的想法，每天都去刷对方的动态，对方明明也没发几条，你却反复地观看，甚至连微博、QQ 空间之类的也关注上了，然后对某些只言片语过度解读，一旦看到情况就草木皆兵、疑神疑鬼，急切地想验证对方是不是有新欢了。这些行为只要被对方发现，就足以让你耽搁正事、一无进展。

你在挽回过程中，一旦暴露需求感，就容易处于被动的境地，就如同你最讨厌那些黏人的骚扰电话一样。

最好是他能自然地看见你，而且他看见的，并不是你硬塞的。

另外，如果挽回的过程变成了一次隐晦的推销，还会带来一个几乎是毁灭性的效应：一个人越是宣扬什么，就表明他越缺少什么。

设想一下，如果一个容易生气、爱较真、缺乏安全感的姑娘，在失恋之后突然间井喷式地出现大量热爱生活、团结亲友、关爱小动物的自我展现，那么换作是你，你会相信吗？不，你只会觉得事出反常必有妖。

要知道，复合的决定权在于对方，因此，重要的是他相信的，而不是你认为的。

你以为自己做了很多，又是打扮、又是读书、又是旅行。可是当你因为完成一个又一个小任务而产生成就感时，这份成就感会欺骗你的大脑，让你误以为自己已经由内至外发生了蜕变。

一个人花了 20 多年铸就的性格，哪儿有那么容易说变就变？

关系修复期的心态调整

但也有一个好消息，那就是其实挽回一个人，并不需要你由里到外发生质的突变，通常的情况是，你只需要把自己的状态调整好，顺利走出失恋的阴影、好好地生活、提升一点点魅力，就能把挽回成功的可能性最大化。当然，最终结果还是看对方的选择，前任不买账，急也没用，前任买账，根本不需要你去急。

挽回过程中，心态大于一切技巧，一个随遇而安的姑娘，比起一个奋进的、不达目的誓不罢休的姑娘，更能让人在相处过程中感到安心，而这些感觉，都是能直接传递给对方的。

俗话说得好，办大事要沉得住气。

我必须告诉所有准备挽回前任的人，你现在所要办的，绝对是个大事，不是听几句开导、学几个技巧就能轻松办成的。

把它当作人生中的一个重要事项，放平心态沉住气，脚踏实地去干吧！

接下来对于关系修复期的心态调整，我提供三个心理学上常用的方法，大家可以参考一下。

第一，改变认知。

这种方法的基本假设是：人的负面情绪是由负面认知导致的，负面认知本身是一种不合理的、有缺陷的认知。用一种更为理性、现实的想法来取代它，负面情绪，以及由此而产生的非适应性行为就能被改变。

事件 A：情人节当天，"狗子"收到我的礼物之后，只看了一眼就放在旁边了。

认知 B：他一定是觉得我送得不好。他对我根本就不重视。你知道我挑得多么用心吗？

情绪 C：不安全感、担忧、受伤、生气。

行为 D：整个约会心不在焉、煞有介事，或者生闷气，搞得双方闷闷不乐。

理性回归 E：他可能是想回到家再慢慢拆开看。比起礼物，他可能更重视接下来的约会，接下来我们会有浪漫的时刻。对待这份礼物的态度，并不能代表对待感情本身的态度。

这个方法除了可以被用来修正相处时带来的负面认知，还能用来缓解分手后的负面情绪。

如图 3-2 所示，比如在分手之后，知道前任与异性同事频繁聚会，我们产生了"他背叛了我"或"他不爱我了"的想法，这个想法带来了愤怒或难过、沮丧的情绪。

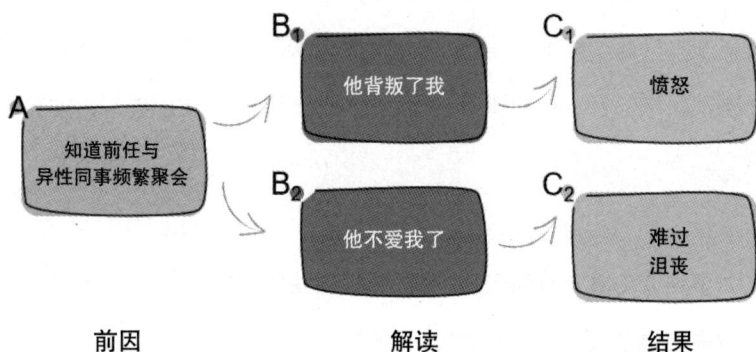

B₁ 他背叛了我	C₁ 愤怒
A 知道前任与异性同事频繁聚会	B₂ 他不爱我了	C₂ 难过 沮丧
前因	解读	结果

图 3-2　负面情绪示例图

那么，我们就可以改变自己的认知，用一个理性的想法来代替之前的想法，比如，如图 3-3 所示，"我们已经分手了……"。有了这个想法，负面情绪也能得到一定的缓解。我们更理性了，就能把这件事情单纯地看作一次和那个异性同事的竞争，而不会恼羞成怒地跑去破坏别人的关系，让自己狼狈。

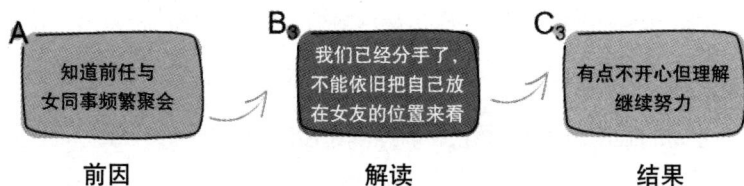

图 3-3 负面情绪缓解示例图

第二，正念。

正念是采取一种接纳的态度，将负面情绪看作自然的潮起潮落、云舒云卷，不去对抗和挣扎，减轻其对自己的影响。

正念的做法非常简单，你只需要把自己的注意力集中在任何一个对象上，最常见的对象是呼吸和身体感觉，然后观察和感受它们原来的样子，而不必做出任何评判。在这个过程中，你必定会冒出一些念头，例如关于身体感觉的、关于最近焦虑的事情的，或者其他任意念头，你不必担心，简单地把注意力拉回到对象上就好。

一次训练的时间通常在 15～20 分钟。它可以帮助你不再重视那些困扰你的想法，而是把它们轻轻地放在一边，继续专注于那些真正重要的事情。当然，正念是需要坚持训练才能看到效果的。

第三，运动。

在所有自我调节的方法当中，运动对焦虑情绪的改善效果是最快速和明显的。

只要是强度达到一定水平的有氧运动，都可以减轻焦虑。常见的运动有慢跑、快走、游泳、爬山、骑自行车、挥拍等，其中我最为推荐的是挥拍类运动，人际交往和娱乐活动同样对焦虑情绪具有一定的缓解作用。对此每个人的爱好都不同，当然，也有些人习惯蹦迪。

运动的强度以中等为宜，可以把轻度出汗作为一个衡量标准。在频率上，每周运动三到五次，每次持续 30 分钟，就能达到不错的效果了。

在挽回的过程当中，心态的调节是一个持续的过程。经过一段时间的调节，你可能觉得自己的心态已经调节好了，可是一旦行动起来，出现一些期待以外的反馈，你又会马上变得焦虑，想快速推进关系。这时候，你必须暂停行动，继续调整情绪，确保自己的每一步行动都是在平稳的心态下进行的。如果你是自信而且情绪稳定的，你的这种感觉一定能传达给对方，让对方对你改观。

第二节

时机：挽回的最佳时机是什么

挽回的黄金时期是什么时候呢？很多人都很想知道这个问题的答案，并且关于这个问题，不同人也都做出了不同的回答，答案也五花八门，有的人仅凭固有理论知识就给出过于片面的断定，比如将时间限定在一个星期、一个月或者两个月内。

这种答案是没有经过实际分析的。

要了解挽回的最佳时期，先要弄清楚分手后对方的情绪状态。

分手一般有两种类型：假性分手和真性分手。

假性分手指的是双方一时情绪爆发、激烈争吵冲突后的分手。这种情况下的分手更多的是一种愤愤不平的情绪，而不是不可更改的决定。

真性分手指的是其中一方在评估过利弊得失后做出的决断，这种情况下分手是一种理性的决断。

如果面对假性分手，那么挽回应该开始得越早越好，只要一方通过一些示好调整好对方情绪，双方一般都能重归于好。要挽回假性分

手的一方，一定要抓紧时间缓和对方的情绪。在分手案例中，提出假
性分手的女生偏多。

可如果是真性分手，挽回就很需要掌握好节奏感了。

面对真性分手，你是绝对不可以在分手之后马上就发动激烈的挽
回攻势的。

原因很简单。对方在主动提出或者接受一段关系分开的时候，他
其实是盘算过利弊得失的。

换言之，他对分手这件事有足够的心理准备。

这时候你去挽回，只会让对方觉得你在死缠烂打，甚至会让对方
在冲动之下拉黑你，阻断后续挽回的可能。

分手后，对方的状态会经过如下几个变化阶段，分别是适应期、
愉悦期、改变期和低落期，如图 3-4 所示。

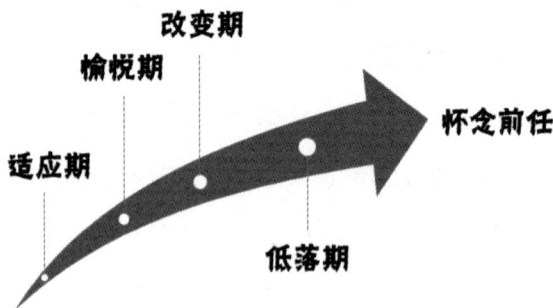

图 3-4　分手状态变化图

适应期——假性分手的最佳挽回时期

面对一段亲密关系的结束，双方都会有一个适应的阶段。

你不要以为分手是对方提出的，他就不会伤心。其实在分手之后的一段时间里，对方也会感到悲伤、不适应。在和你相处的时间里，他可能积压了很多委屈、不甘和愤怒，分手的时候可能和你大吵了一架，也可能故作镇定，选择悄无声息地结束关系。不管怎样，他的情绪通常都得不到完全的发泄。

在分手之后，对方的心情也很复杂，他可能会回顾你在一开始和后来对待他的区别，在心中控诉你多么不好；也可能因为自己在感情当中有做得不对的地方而感到自责；或者因为长期关系经营失败，而怀疑自己经营感情的能力；甚至还有可能，在心中默默期待着你能重新看到他的需求，变回那个他喜爱的人，变回那个能安慰他、挽留他的人。

如果你们的分手属于假性分手，那么适应期就是最佳的挽回时期。在对方复杂的情绪当中，其实占最大部分的还是对你的愤怒，以及对你的重视和爱恋的渴望。因此，如果你能让他充分表达他对你的情绪，你能将他的负面情绪全部接住，然后对他展示包容和爱意，那么一般情况下，你都能够改善局面。等关系缓和之后，双方可以再一起沟通，解决核心矛盾。

然而，如果你们的分手属于真性分手，那么最忌讳的就是在这个时期盲目地向前冲。假性分手是情绪性分手，说白了就是对方以分手的名义来引起你的重视；而真性分手则是理性的分手，是对方在已经对你死心、心中爱意也消耗殆尽之后，经过利弊权衡而做出的一个选择。你在这时表真心、表爱意，对方不仅不会有任何感动，反而还会在心里想，"现在才知道重视我，早些时候干什么去了"。

你要知道，在这个时期，如果你们的分手属于真性分手，那么只有你想复合而已，对方一点儿也不想复合，他巴不得你快点消失，好让他能快点重新一个人快乐地生活。

愉悦期——不适合挽回

主动提出分手的那个人摆脱了自己不如意的感情，同时又度过了分手初期的不适应后，会进入愉悦期。

他们认为自己放弃了错误的感情，一方面有一扫阴霾并重获自由的感觉，另一方面内心会隐隐觉得离开了一棵树而前方有整片森林等着自己，因此他们整体的情绪是偏愉悦的。

因此，在这个阶段不适合挽回。

他们已经下定决心不走回头路，身心都在准备迎接新的生活、新的可能性，他们觉得自己的未来一片美好，自己要做很多自己爱做的事情，不用再顾忌前任的感受，去认识帅哥美女时也不用担心有人会吃醋。

可恰恰很多被分手的人此时耐不住性子，觉得对方过得好了，怕拖下去前任忘记自己，于是拼命联系前任。这种联系在前任看来就是纠缠，前任也会把你视为阻挠自己迎接新生活的障碍。

改变期

大多数挽回案例证明：人们在愉悦期的对未来美好生活的期待往往会落空。

这一方面是因为人很容易高估自己的魅力，另一方面是因为人的欲望容易变大。在上一段恋爱中，一方的优点在另一方那里会变得习以为常，另一方甚至会"这山望着那山高"。

男生习惯了女朋友的貌美后，又会很向往聪明的女生；女生习惯了男友的温柔后，又会觉得杀伐果断的男生也很有魅力。

可是他们在找寻这些"吸引力"的过程中，又会发现鱼与熊掌不可得兼，优点的背后总有缺点，而看起来很完美的人，要么就是有别的瑕疵，要么就是追求难度很大。

很多试图挽回关系的小伙伴总担心挽回对象会很快找到新欢而遗忘自己。这个可能性当然存在，但其实没必要过度慌张。即便对方进入一段新的关系，也会发生各种各样新的问题，对过去的感情产生反思。

尤其，如果你和前任在客观上是比较合适的一对，那么即使前任和别的异性接触，感情褪去光环之后，他们之间所暴露出来的问题、所遇到的不适，一定不会少于你们。这个时候，他就会开始想起，虽然你们相处中也有不和，但是对比下来，还是你好一点。

低落期——最容易挽回

在经历第三个阶段的磨难后，前任要么找寻新欢不顺，要么因回到一个人的生活状态而缺少归属感。这时，对方最容易对上一段感情产生眷恋和回忆，尤其是对一些能让他在恋爱期感觉温暖的事情，比如自己无须收纳衣物，或者降温有人提醒天气变化。

在这个阶段最容易挽回成功，但可惜的是，大多数想让我帮忙的人，找到我时都已经在分手后做过不理智的事情了，甚至已经被拉黑、退无可退，他们白白浪费了很多缓和矛盾的时机。

很多女性的挽回之所以会失败，往往是因为她们分手没多久，就因为不舍当了对方的备胎，不仅和对方经常聊天、偶尔见面，甚至还保持着亲密的状态。

这种分手又不断联系的做法，只会让对方有恃无恐，在拥有你这个备胎的前提下，更加耐心地寻找下一个伴侣，他自然也很难产生第四个阶段应该产生的不舍状态。

如果想让前任主动找你，你一定要给这段关系一个冷却期，耐心等待。我知道你很眷恋对方，但如果你期待对方回头，麻烦做点事把自己的时间填满，健身、阅读、旅行，或者考一个证书，什么都可以，只要你手头有事做，就能控制自己的焦虑感，避免一时的情绪导致事情往更糟糕的方向发展。

第三节
避坑：盘点那些不可取的挽回思路

挽回感情，可以说是所有情感咨询当中容错度最低的一种，其原因就是当事人在之前的相处中已经犯了太多的错，把犯错的机会都用光了，关系状态降到了冰点。因此在挽回感情的过程中，我们要步步为营，避开雷区，这样就不会把局面搞得很难看。我不希望你在阅读本书之后还因为重复一些低级错误而功亏一篑。因此我整理了以下几个进行挽回感情时容易踩的雷，请务必牢记在心。

不改变自己

既然你选择了挽回，我就必须告诉你一个残酷的事实：对方之所以和你分手，是因为他觉得你已经不再具备和他在一起的资格了。因此你要挽回，就必须改变自己。

很多想要挽回的人其实心里还没这个觉悟，认为只需要通过一些话术或者技巧就能打动对方，让他们的感情起死回生。其实，如果他们的前任没有看到他们有实际性的成长，那么他们说什么都不管用。

至于要改变多少，取决于前任对你剩余的信任度。有的前任只需要看到你的部分努力就会对你刮目相看，有的前任需要看到更加确凿的证据才愿意相信你。"真性分手挽回的时间 = 你通过努力让前任相信你的改变的时间 + 两周到一个月的关系回温时间"。

认为外在的提升与挽回无关

不少人对外在的提升是抗拒的——我要挽回跟外貌有什么关系？似乎要提升外在就是在否定他们的颜值一样。事实上，不管你现在颜值怎么样，外在的提升都是必要的。

人们在认识一个人的时候都是由外到内的，因此才有了那句话："始于颜值，陷于才华，忠于人品。"试想一下，假如你花了很多时间，仅仅用来提升自己的内在品质，你的外在却没有任何变化，言谈举止也和之前没有任何不同，你觉得你的前任会认为你已经脱胎换骨了吗？

如果你觉得自己的颜值还有提升空间，那么可以精致地打扮一下自己，提高外在吸引力；如果你觉得自己的颜值还不错，也可以尝试换一种风格，让对方有一种眼前一亮的感觉，让对方认为你好像不是当初他认识的那个你了。这招对于挽回男生特别有效，男生其实很需要新鲜感，而许多女生恰恰在谈了恋爱后就疏于打扮自己了，而他其实一直很希望看到不同的你，只是未曾如愿而已。这就是你的一个好机会。

外在提升更适用于以下类型的案例：①吸引力不足；②分手原因不明；③对方重视颜值；④小三上位；⑤分手两年以上。

尽管它并非在所有案例中都是必要的，但是在大部分案例里，它都属于重要的加分项。

分手后继续向对方索取情绪价值

所有暴露需求感，让对方感到越界的行为都属于此类，比如：向对方倾诉烦恼（求安慰）、在想念对方时发消息（求回复）、要求对方晚上与自己通电话（求亲密感）、邀约对方（求陪伴）、说与感情有关的话（求爱的保证）。

所有这些行为都向对方透露出一个信息：我需要你，我离不开你，求求你给我一点爱吧。

其实大多数这样做的人，都得到了对方的一些回应，于是他们尝到了甜头便变本加厉。可是，他们这样做不仅会进一步透支他们和前任之间仅剩的一点舒适感，还会让前任看不起他们。他们就像一个乞丐一样从前任那里一直索取情绪价值，而没有考虑前任需要什么，没有考虑自己有没有前任需要的价值。

而前任愿意回应他们，也不是什么好消息，前任纯粹只是出于愧疚感和同情心在对他们进行弥补而已，等前任觉得弥补够了，就会无情地踢开他们。

展示诚意、深情和付出，想打动对方

这类人的思路是用"深情换回真情"，在分手后，他们不断地对前任说"我真的很爱你，我愿意为你付出一切，求求你回到我身边吧"这类话，企图用各种礼物讨好对方，让对方回到自己的身边。

他们认为用这些就能把一个伤透了心的人唤回来。他们以为分手是小孩子在闹离家出走吗？

此时，深情不仅不能让对方感动，还会让对方觉得他们不太聪明，觉得他们之所以做出不反思自己、企图蒙混过关的行为，是因为他们认为自己和他们一样不聪明。

请用成年人的方式来解决问题。你就是你自己的产品经理。分手，就意味着对方否定了你的产品，产品被否定了，那请你好好改善自家产品，而不要想着用花言巧语来糊弄消费者。

先请求对方给机会，等对方答应自己，再做自我改变

这样做可能会有以下两种后果。

一是他拒绝了。这可能是因为，你之前一直只说不做，这让他对

你的话语彻底失去了信任；也可能是因为，对方不愿意承受你为他而改变的压力，怕自己还不清这份"付出、牺牲"，觉得干脆一刀两断更加轻松。那你怎么办，要放弃吗？

二是他勉强答应了。从这一刻开始，你们形成了一种考核与被考核的不平等关系，他会带着成见来看待你，觉得你所做的一切都是在做样子给他看的，并且，他掌握着你们这段关系的生死大权，只要他愿意，他随时可以否定你的所有努力，对你说："你这样何必呢，不要再勉强自己了，放彼此一条生路吧。"到时你要怎么办呢？

而你之所以会向对方索取保证，是因为：①你把改变自己看作一项成本，你为了他而改变；②你不愿意接受挽回失败的风险，如果不能保证得到回报，你就不愿意付出成本。

对于第一点，你要明白，你不是为了他而改变，你是在为了自己能有一个幸福的未来而做改变，不管挽回成功与否，你的每一份成长都能够造福自己的未来。因此，你千万不要觉得自己做出的改变是为了对方，毕竟没人承受得起这么沉重的付出感。

对于第二点，你要明白，一切事情都有成功和失败的可能。你的律师不能向你保证官司必赢，你的教练不能向你保证驾照必拿，你的老师也不会向你保证考上好大学就一定能找到好工作。你是成年人，一切抉择的风险都由你自己承担，你不要把责任推卸给自己的伴侣，更何况他已经不是你的伴侣了。

如果你把改变自己看作一种成本，看作对他的投资，如果你把自己的所有努力都建立在"确保他会接受"的基础上，那么你会不断碰壁。"索取保证"本身就是在推卸责任、破坏关系。

没话找话，勉强维持联系

推进关系不能靠聊天。
推进关系不能靠聊天。
推进关系不能靠聊天。

重要的话说三遍。

勉强维持联系倒不如不联系，让他觉得你已经放下，总比让他觉得你死活放不下要好。你只有一度离开，才会有后面的成长。你不愿离去，他就绝不相信你有所成长。只要你还是原来的你，他就坚决不会让你再前进一步。

通过跟踪细节琢磨对方的心思

来自前任的"跟踪"行为是所有分手行为中最让女生反感的，一旦被发现，足以让女生对前任产生恐惧和鄙视，让前任往日的良好形象彻底崩塌。

较为严重者，会用小号刺探、骚扰对方的亲朋好友，私闯民宅，雇用私家侦探等，无所不用其极；而较轻者，可能会用一些相对温和的手段，比如琢磨对方的朋友圈、微博转发、知乎点赞、唱吧作品，分析对方对自己说的每一句话，观察对方的动作、表情和眼神等。

哪怕是"温和"的"跟踪"行为，也是相当令人讨厌的。而且就算这些行为不会被对方发现，也会严重影响行为者的心态。过度关注前任心思的人，往往没办法把精力放在改变自己上，从而错过挽回的时机。

这类人背后的思路是"我不能错过任何一个细节，其中可能隐藏着打破现状的重要契机"。

很遗憾，我要告诉你，不存在这样的契机，他肚子再疼，他工作再烦，他夜深人静时再想你，也不关你的事。即使你抓住了这样的时机趁虚而入，他的理智也会告诉他自己："你没有想要解决之前的根源问题，没想要承担责任，你不是合适的人，我不能给你希望。"

不要心存侥幸，除非你愿意承担侥幸的后果。

执行时心中充满"可是""但是"

"可是我发了朋友圈，他也不会看呀""可是我都不自拍呀""可我没有办法做到不想他""可我做了他也不会相信的""真的好难啊"。在挽回的前期，你要做很多事情，因此最重要的就是你要有执行力。如果你每前进一步都要给自己设立阻碍，不断地质疑、畏难、抗拒、讨价还价，你会把大量的精力用在自我斗争上，最终一事无成。

不要怂，就是干，你走歪路时的那股气势上哪儿去了？

其实，上面介绍的所有雷区，都有一个共同点，就是急功近利。你不愿意付出实实在在的努力，就想前任回心转意，你想什么呢？天下没有免费的午餐。追求一个人，是从零开始，挽回一个人，可能就是从负数开始了。如果你真的觉得他是值得你用余生去爱的人，那么你就要把精力放在如何让自己成为最适合他的那个人上。只要你对他来说是对的人，哪怕他兜兜转转，最后也会回到你身边；如果你不是他对的人，那么就算你一时运气好把对方追回来了，你迟早也会凭实力再次把你们的关系搞砸。实在点吧，我的朋友。

战略：修复关系的核心是什么

许多人想象中的修复关系的节奏如图 3-5 所示：随着时间的推移，关系不断回温，双方最终复合。

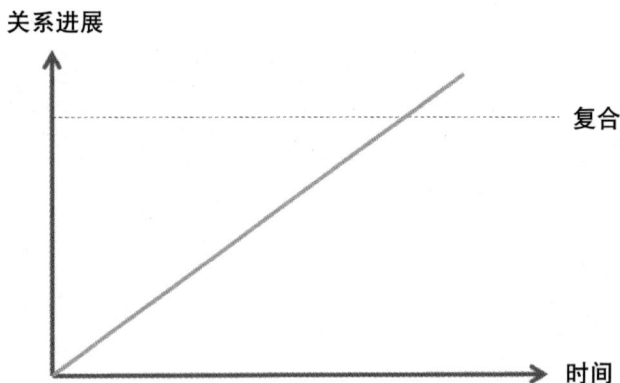

图 3-5　想象中的修复关系的节奏图

实际上，实际修复关系的节奏有两种情况。

第一种情况，在分手初期，因为你的纠缠，关系进一步降到冰点以下。而在努力修复关系的前中期，你的态度开始冷却，关系几乎没有变化，都是处于接近陌生人的状态；如果你操作正确，展示改变，此时已经在前任的心里埋下了复合的种子了；等到时机成熟，正式复联之后，双方就会像久别重逢的恋人一样，迅速回温，并在短时间之内就重新确定关系，最终复合，如图 3-6 所示。

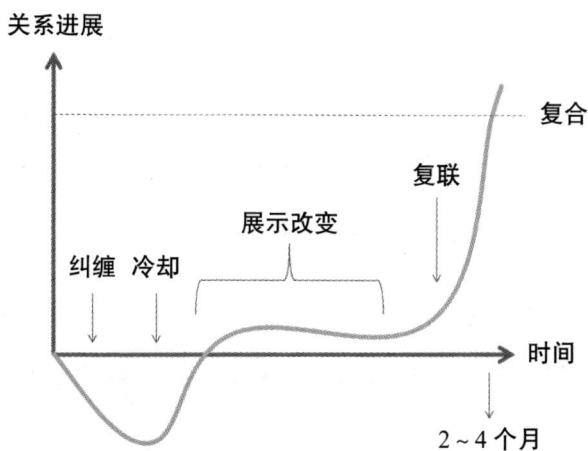

图 3-6　实际的修复关系的节奏图 1

第二种情况，如果你在挽回的过程中，耐不住性子，屡屡暴露需求感，那么双方的关系变化可能会一直在冰点上下不断波动，你始终没办法让对方对你改观，就算对方偶尔搭理你，也是出于礼貌和怜悯，如图 3-7 所示。人的印象是会定型的，当你三番五次地卑微求和后，他就会认为你一辈子都改变不了，你们的关系也就永远无法修复了。

关系进展

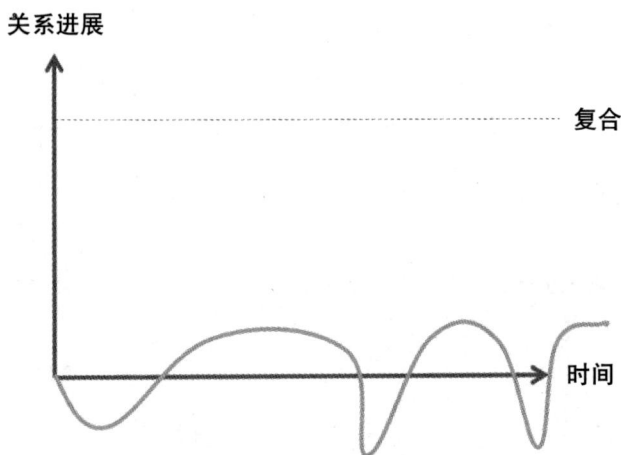

图 3-7　实际的修复关系的节奏图 2

不难看到，修复关系真是一件极其考验心态的事情，它需要你在没有回馈的情况下坚持去做正确的事，你在接近尾声时才能看到成果。

因此，你现在感到迷茫，没有方向，我很能理解。

很多正在走向正确道路的人，也在一边怀疑一边迷茫，毕竟修复关系本来就是一件让人非常无望的事情，在接近收尾之前都看不到转机。

更重要的是，在黑暗中，你要依旧相信自己脚下的道路，并在正确的道路上坚持下去。

仔细想想，上学、考试、创业，哪件事情不是如此呢？为什么你在这些事情上就能沉得住气，而在修复关系这件事上就不能呢？

修复关系靠的既不是什么神仙话术，也不是纯粹的一往情深，更不是坑蒙拐骗之类的"奇技淫巧"。你的前任之所以不愿意和你在一起，是因为他对你这个人感到不满。因此，你的努力应该是如何精进你自己，而不是琢磨、忽悠或说服对方。

世上没有平白无故的分手。一对情侣的关系之所以会走到尽头，绝对不是因为偶然出现的过错，而是因为两个人在客观上已经没办法走下去了，也就是说，要么是双方维护关系的能力不够，要么是双方的价值观和生活态度相去甚远。

你们之所以分手，是因为你的伴侣比你率先看到并接受了事实。

如果你不参透这些残酷的事实，就永远无法挽回前任。

因此，要想挽回前任，你就必须接受这样一个事实：不是对方无情，而是现在的你的确没有能力处理这段关系，或者现在的你的确不是与他匹配的人。

如果你是前者，你需要提升，如果是后者，你需要改变。

有能力相处，生活态度也匹配，才是两个人能够成为伴侣的关键。

因此，你还是耐住性子，少关注前任，把心思放在对修复关系有益的事情上吧。那么修复关系的核心是什么呢？

是修正核心矛盾 + 二次吸引。

第一，修正核心矛盾。

你要找到他和你分手的核心原因。其原因可能是三观不合，可能是相处不舒适，可能是你犯下了一些错误，也可能是你吸引力不够。你要尽自己的力量把你们的核心矛盾化解掉。他嫌弃你没有上进心，那你就把游戏机卖掉，多学习各种技艺，换工作或搞副业；他嫌弃你黏人、多疑，那你就去扩展自己的爱好和社交圈，尝试各种各样的事物，把生活过得有声有色；他嫌弃你脾气暴躁、事事较真，你就去学习心理学，把你的读书笔记展示出来。

在短时间之内，你可能没办法彻底修正自己身上的不足，但至少你要做出实际的行动，让你的前任知道你走在正确的路上。面对念旧情的前任，你要尽快行动；面对彻底死心且绝情的前任，你则要做好长期提升的准备。

第二，二次吸引。

曾经的你对他而言是那么完美，因此当时他才会义无反顾地选择和你在一起，但相处久了之后，你身上的那些优点通通烟消云散，成为他心中的一道遗憾。

你要找出这样的优点，重新打造一番，让他看到往日那个迷人的你。他留恋你给他做菜的日子，那你就学习做新的菜，做给别的朋友吃；他陶醉于你沉稳的嗓音，那你就开个电台，读首小诗或深夜小故事；他记忆最深的是你镜头下的深情，那就将这份认真留给花花草草，甚至师弟师妹，让其迷恋且醋意满满。

为了让你在修复关系时对进度条有一个概念，接下来我来介绍修复关系的三个阶段。

第一个阶段，舒适感阶段。

在这一阶段，他对你仍然心存芥蒂，不愿意回复你的信息，或者回复比较冷淡。这时，你一旦出现越界行为，就有可能招致对方的直接拒绝。在修复关系过程中，该阶段维持的时间是最长的。

这个阶段的核心问题是，他是否对你持有戒备心。

解决这一核心问题的方式就是隐藏需求感，进行自我提升。你要停下一切联系他、关注他的念头，把心思放在核心矛盾和二次吸引上。

舒适感阶段是整个修复关系过程中最漫长的阶段，同时也是挽回过程中最核心的阶段。能否成功修复关系，很大程度上取决于这个阶段的铺垫是否做好。

第二个阶段，联系感阶段。

在这个阶段，你们之间恢复了基本的朋友关系，他不会担心你有复合的想法，偶尔可以进行一些不越界的交流。

这个阶段的核心问题是，他是否能和你像老朋友一样相处。

解决这一核心问题的方式就是找到联系的必要性，或者建立共同话题。比如，有一些事情你需要向对方请教，或者是你们有一些共同的爱好可以交流。

联系感阶段不是修复关系必需的。实际上，联系感阶段在修复关系过程中越短越好，最好仅有几次破冰的联系。你们联系多了他容易对你失去好奇和冲动，变成朋友。

第三个阶段，亲密感阶段。

你们以朋友的名义继续交往，实际上他对你的旧情却已经被唤起了。他在心底里是关心和在意你的，和你相处时可能有一些暧昧的举动，也有可能不流露心声。

这个阶段的核心问题是，他是否允许你和他有一些暧昧的互动。

而解决这个核心问题的方式，就是划定旧情指标和心疼指标。比如，用一些共同的回忆来发起话题，看看能不能引起他的共鸣，或者假装受伤、生病，引起对方的心疼，并且给对方一些升级关系的机会。

亲密感阶段也是很短的，往往只有一个晚上到三天的时间。如果拖久了，修复关系容易陷入停滞。

很多人在修复关系的时候，过度关注技巧，把希望寄托在一些"神仙话术"或"神操作"上，这其实是失之偏颇的。技巧只能帮助你锦上添花，却无法起死回生。你把核心点定好了，之后的事情就是水到渠成了。

同时，这也是在告诉你，修复关系是一条漫长且辛苦的道路，不是只凭着一丝留念和一点方法就可以搞定的。

你需要考虑二人以后的幸福，要考虑他重新选择了你会不会后悔，要考虑你们会不会重蹈覆辙，要考虑重启这段关系是不是在浪费时间。

如果你没有这些觉悟和努力，那么你们就算复合了，大概率也只会开始一次新的彼此祸害而已。

希望你的努力，是为了通向一个对双方来说最美好的未来。

| 第四章 |

修复破损的关系

匹配：价值不匹配的关系，还能追回来吗

情侣如果是因为价值供求不匹配而分手，那么其实他们的感情里就多了一份理智，双方更多的是在衡量两个人在客观条件上的适不适合。而感情一旦由理性而不是感性主导，就容易变得不稳定，情侣未来可能会因为遇到了价值更高的人而分开。

如果你在价值方面是低于前任的，那么就需要努力弥补这方面的差距，否则就算成功修复关系，你们的关系也只能是短期关系，你们很难走进婚姻。

你先要判断一下你和前任是否真的存在价值不匹配的问题，以及如果不匹配，两个人的差距有多大，成功修复关系的难度有多大。

不如我们就从现实的角度出发，简单分析一下，你和前任的得分是多少？下面的 9 个问题，除了收入，每个问题的总分都是 10 分，你可以拿出笔和纸给双方打分，最后再来比较一下。

颜值：你们的脸型、五官好不好看，是不是匀称？发型适不适合

自己，在同龄人中是更好看的还是一般的？请分别给你们评一下分。

身材：身材是适中还是偏胖？身高和平均值相比怎么样？男生有没有胸肌和腹肌？女生有没有合适的腰臀比和马甲线？

年龄：男生婚恋高价值期是 30 岁左右，女生则是 22 ～ 26 岁，双方是处于这个时期，还是已经超过了？

学历：双方各自是什么学历？如果是本科，得分是 6 分，硕士，得分是 8 分，博士学历的得分是 10 分，双方的分数分别是多少？

家庭条件：父母在什么城市，有多少房产，父母的学历背景如何，能不能为儿女提供支持？比如在二、三线城市，父母的学历为大专 / 高中，父母有一套房是 6 分，双方分数是多少？

收入：收入在硬价值上的比重是最大的，这个问题的总分是 20 分。月收入 5000 元以下得分是 5 分，5000 ～ 10000 元得分是 10 分，10000 ～ 30000 元得分是 15 分，超过 30000 元得分是 20 分。

净资产：房子总共占 4 分，车子占 2 分，存款占 4 分，根据你们的情况灵活打分。

社会身份：双方是一般的打工人、企业高管，还是公司创始人？在领域内的名气，是不是公众人物？

能力：包括工作能力、沟通能力、学习能力、人际关系能力、智商等。

接下来我们把双方的分数进行对比，分数相差越大，价值也就相差越大，一般来说，硬价值的差值在 12 分之内，都可以在相处中通过情绪价值来弥补，只要你懂得让对方愉快，就不太会影响长期关系。不过，如果你们的硬价值相差太大，或者说你明明处于价值低位，但是没有为对方提供相应的情绪价值来弥补，那么对方就会明显感受到不对等，很容易动心思离开。

如果你恰巧是一个得分高出对方很多却被他分手的人，那么你真的应该好好反思一下自己性格的问题。你是让人相处不舒服到什么程度，才能让对方舍得放弃你的这么好的硬件条件？

而如果你的得分很不幸差了对方太多，那你一定要做好心理准备，你花费大量的时间精力去挽回对方，很可能并不会取得一个很乐观的结果。

当然，或许你的条件还不错，只是对方实在站得太高了。这时我也要劝劝你，和一个条件同样不错的人恋爱会有更大的幸福感。

那么，要如何修复一段价值差距可控的关系呢？

在我看来，最重要的一点是"开源节流"。

它的原意指的是增加收入、减少开支，而在修复一段关系时，你要做到的就是多花时间去提升个人价值，减少在对方身上花费的时间与精力。有的人可能会质疑："你都不愿在对方身上花时间，那你还怎么挽回他？"

挽回不是跪在地上求着对方回来，这个不用我多解释。你表现得越卑微，人家就越不把你当回事。一个更合适的理解应该是，你向我提出了分手，但我想和你复合，因此我们最正确的做法则是"在解决旧有的矛盾后，重新建立自己的吸引力"。其次，矛盾之所以会成为矛盾，是因为它无法轻松地被解决。在恋爱里，导致分手的往往不是一个事件，而是一连串事情的累加影响了他对你的认知。我明白，大多数人都是想尽快地让对方回到自己的身边，心中抱着的想法也总是"我很需要你，没有你我一个人很难受，而且万一时间一长，你跟别人跑了怎么办"。

事实上，能最大程度地改变对方对你的负面印象并且解决矛盾的方法，就是利用时间，让他看到你的变化，而不是试图和他短时间内说清楚。相信我，绝大多数人不可能在分手后那么快就找到新欢，如果你实在担心也可以偶尔联系他一下。切记，和他沟通时，不要将他当成自己的对象，否则，你对他的需求感就彻底暴露了。你就把他当作朋友来和他聊天，不要去想什么"万一真成了朋友，那他岂不是就不再喜欢我了"。

醒一醒，你被分手了还真当别人那么喜欢你吗？他要是真那么喜欢你又为什么要分手？这也是为什么我极力推荐大家开源节流。挽回这件事本身确实需要花费不少的时间与精力，但绝不是在短短几星期内倾注自己的全部。你大可以每天只花一两小时学习挽回的知识，要不要找他，又该说些什么；而不是每天花 8 小时想他，挣扎了半天人家压根不想理你，这无形中对你也是一个巨大的消耗！

所谓开源，就是你不要去做无用功，每天节约下来的六七小时可以用来提升自己。记得前文中的加分表吗？除了与遗传有关的问题和家庭条件，每一项其实都是可以通过自己的努力提升的，它们才应该成为你的目标。把自己的价值提上去，该工作工作，该学习学习；闲暇时间去结识一些有能力的人，同时培养一下健身的爱好，把身材练得更好。

你的挽回对象曾经确实会因为许许多多细小的方面对你感到不满，但时间会消弭掉这些曾经的不满，而你的价值和努力却能结结实实地成为重新吸引他的点。

动力：为什么改变自己这么困难

　　不管是哪种原因导致的分手，都代表你的前任觉得你不再是那个适合他的人了，因此挽回的本质其实就是通过自我改变让自己重新适合他。然而，道理你都懂，可到了自己头上，就懒得改变，只想用一些旁门左道来挽回前任，结果就是被一些别有用心的挽回机构欺骗。因此我也告诫我的所有学员，如果你抱着完全不想改变自己的心态来挽回，那么你可以趁早放弃了，所有的挽回服务，包括课程、咨询，你通通都不需要继续，直接去追求你的下一任就好。可是，如果你确实就是放不下前任，今后就想和他一起过，那么你就必须直面自我改变的问题，把心思都花在自己身上。

　　这节就来分析自我改变的问题。为什么自我改变那么困难，我们要如何走上改变的道路呢？

　　其实，大多数人之所以难以改变，是因为他们缺乏动力思维。

　　比如，想丰富自己的内涵就多去读书，想拥有好身材就去锻炼，老是被人占便宜就要学会说"不"，想挽回前任就好好改掉坏习惯等。

这些思路、方法，非常直截了当，但是只有很少的人能真正做到这些，大多数人只是在幻想和自责中得过且过。

具备动力思维的人，从来不会给自己找借口，也不会有"为什么懂得许多道理，却过不好这一生"的感慨，他们能让自己真正动起来，而不是空感慨。

什么叫动力思维呢？动力思维其实是一种自我反思：究竟是什么在阻碍我的行动，有什么可以推动我前进？接下来我会将动力思维分成阻力和推力两个方面去分析。

先说阻力。

几乎人人都想改变自己，都想变得更优秀、自信而有内涵，但绝大多数人仅仅停留在"想"的层面而已。之所以会这样，是因为他们追随自己的情绪或惰性。改变的阻力大体有以下几种。

第一种，听从懒惰和放纵的"大象"。

积极心理学家乔纳森·海特用"大象"和"骑象人"这两个意象来比喻自我当中的两股对抗力量。大象代表懒惰、纵欲、安逸和感性，骑象人则代表计划、自律、勤奋、进取和理性。与大象相比，骑象人的想法更加明智、更符合长远的利益，但骑象人的力量却远远比不上大象，因此人是情绪化而盲目的，一旦大象要去做某件事，骑象人根本就拽不回来。

这就是为什么我们明明希望拥有健美的身材，却屡屡败给眼前的各式奶茶，为什么明明想要做一个有内涵的人，却总是禁不住无脑综艺和短视频的诱惑，为什么我们明知道需要更加努力才能拥有更好的生活，却又抵不住家里温暖的被窝。

人在面对那些需要做出长期努力才能成功的事情时，心中就容易出现懒惰的大象。毫无疑问，挽回也是如此。因此有人会想："我知道我要提高自己的聊天技巧，要找人练手，做记录、复盘和反思，可我就觉得这样做太麻烦了，不想做，也不知道做了能否挽回成功。"如果被这样的懒惰心态主导，你就始终停留在挽回的起跑线上。不要忘了，就在你纠结当下时，你的竞争对手也一直在虎视眈眈。

第二种，"期待"的好处，永远比不上"经验"的好处。

我们想变得好看，却从没享受过长得好看的优待；我们想变得有钱，却从没体会过有钱后的随心所欲。换言之，我们所期待的那些自我改变后的"好处"，全都只是我们想象出来的。相比之下，不改变的好处更加实际——熟悉、安心、舒适、无忧无虑、需要的东西随手可得。想象出来的好处，其诱惑力远远不及那些我们已经领教过的、近在眼前的安逸。

这一点在挽回这件事上特别明显。挽回这件事，在你接近成功之前，可以说是几乎没有任何正向反馈的。他不会因为你体贴了一点点就马上对你所有改观，也不会因为你穿衣打扮的品位提高了一点就夸赞你。你要学会自己肯定自己，相信自己的方向是正确的，然后坚持去做对的事情。你已经是大人了，不是每做好一件小事都要别人表扬的，你要做的是坚持长跑后到达终点，是和心爱的人共赴未来，你要的不是一个点赞和一句安慰。

第三种，恐惧。

自我改变，意味着要告别熟悉的自己，拥抱新事物，拥抱未知。跳出舒适圈，是会给人带来焦虑和恐惧的。改变老好人的性格，意味着你要学会拒绝别人，承受他人的负面感受。改变社交焦虑，意味着你需要广交朋友，甚至在公共场合发表观点。改变外貌，意味着你需要接受自己不好看的事实，进入对容貌的评判环境。

换言之，不管是改变自己的哪一点，都意味着你需要去面对内心的恐惧，而不改变的原因实际上是你在回避恐惧。

而且，对于你来说，除了未知的自己，还有另一个恐惧的来源，那就是失败。"万一我做了这么多努力，结果还是失败了怎么办，那不就等于把唯一的可能性也清零了吗？不就意味着自己真的是一个很糟糕的人吗？"为了避免这种失败，你可能在潜意识里会催生一个倾向，就是逃避努力。"只要我不努力，不尝试，就不会失败了。""哪怕我尝试了，但是我没有努力，那么失败不能代表我不行，我压根就没把它当回事儿。"这种心态，在挽回当中是极为致命的。你往往自己也察觉不到自己的潜意识倾向，只有在专业指导师的观察和引导下，才能避免受这些心态的负面影响。

再说推动力。

在改变当中，驱使自己行动的力量也同样重要。只有具备驱使力量，你才能克服惰性和恐惧，驯服心中的那头大象。你可以利用以下几种驱使力量的方法。

方法一：小步子原理。

既然期待的好处比不上经验带来的好处，那就让好处变成经验。换言之，你无须制订多么庞大的计划，也无须取得巨大成功，只要迈出一小步，品尝到小小的成功给自己带来的好处，就足以推动自己继续前进了。

而如果你要在挽回过程中使用这个方法，就必须调整自己的关注点，不要把心思放在对方对你的态度上，而要放在你要提升的那个方面上，获得小成功的反馈。

例如，前任曾经反复吐槽你出门不打扮、穿着太老土，那么你的小步子目标不是马上找人帮你选一套衣服，然后穿上拍照发给前任看，否则你大概率会被现实泼冷水。你要真正地把心思放在审美的提升上，按照自己的想法去做尝试，让变美这件事给你正反馈。可能每一件合适的衣服、每一次妆容的改进，都能让你获得成就感。当你能做到这一点时，你不仅会获得前进的动力，而且会发现自己的心态变得更好了，不会那么容易患得患失了。

小步子原理的关键是不要犹豫、不要做大计划，最重要的是先动起来。动力不是让你铆足了劲后一鼓作气从起点冲到终点的，而是需要你在与现实的互动中一步步被激发和维持的。

方法二：利用环境的力量。

环境的力量是很强大的，它不仅可以反映某种价值观，还能源源不断地提供动力。

例如，一个由同事们建立的私密吐槽群里，可能充满了对公司决策如何不明智、公司领导如何不解人情的言论。久而久之，那些同事就会失去对工作的斗志，变得混吃等死、敷衍工作、负能量满满。而在一个健身者爱好群里，只要有人分享健身成果，就能得到激励和赞扬，而谁一旦大快朵颐，便会被群起而攻之。这样的环境能鞭策人往正确的方向前进，在这样的环境里可比单干强多了。

因此，你不妨根据自己要自我改变的方向，进入相应的环境，用环境的氛围来督促自己进步。比如，你的性格太粗鲁，你想让自己变得温柔一点，那么你就可以加入茶道、插花、瑜伽之类的同好圈，多和同好圈中的人接触，在身心获得感染之余，也能获得更多自我展示的素材。

再比如，你的情绪很容易失控，你正在通过正念来调节情绪，你又担心自己不能坚持，那么你就可以加入类似的同好圈，和大家一起打卡，分享经验，相互监督。

方法三：关注第二序列的改变。

美国心理学家保罗·瓦茨拉维克把个人的改变分为两个序列——第一序列改变和第二序列改变，前者改变的是内容，后者改变的是应对方式。

我们在绝大多数时候关注的都是内容的改变。而有些时候，我们即使改变了内容，也无法解决问题，这就需要我们去改变自己的应对方式了。

例如，工作不顺心就换工作，换了几份工作，我们发现没一份工作顺心，没一份工作能干超过半年。那就不是工作出了问题，而是我们对工作的看法出了问题。原因可能是我们被互联网洗了脑，觉得老板都是资本家，也可能是我们挑选工作的标准与自己的真实价值观不符合等。

再如，伴侣一提分手，我们就非常着急，不断地承诺、保证、求和，以为用诚恳的态度把问题掩盖掉就万事大吉了，殊不知正是这样一有情况就风雨大作的风格，让对方觉得我们自己很情绪化、懦弱、不靠谱。此时我们应当改善的是自己处理问题的方式，要变得更加成熟、理智、体谅他人，而不是急于消除问题。

我们每个人在遇到困难时都喜欢避重就轻，然而正是这样的特性，让我们一次又一次重复同样的错误。这次我们侥幸挽回了对方又如何，下次又会因为同样的原因吵架、分手，那之前的努力不就全部白费了吗？第一序列的改变有时候看似解决了问题，其实只是暂时捂住了伤口，治标而不治本。

因此，每次遭遇挫折时，我们不能想着这个不行就换一个，出了问题就紧急包扎一下，而要关注第二序列的改变，思考究竟是我身上的哪些特点导致了这次分手，这些特点会不会继续影响今后的亲密关系；如果会，就改变它们，让自己成为一个更有能力经营亲密关系的人。

每个人都想改变，每个人都会遇到困难，愿你能成为驾驭自我的佼佼者。

第三节

重启：为什么你的招数无效

断联是所有挽回者最不愿意做的一件事，但很无奈的是，它又是对真性分手进行挽回时必须做的事情。做到切断与所爱之人的联系，克制和隐忍自己的感情，是所有挽回者面临的最大心态难关。

分手是对一个人最大的拒绝，也几乎是一个人所能经历的最大限度的心理痛苦。接受这般晴天霹雳的你，一定心有不甘，一定悲痛难耐，你的第一反应是用尽全力去修复这段关系。你大概率做出过以下行为：

① 急切地想与对方沟通，想说服他"我们现在面临的问题是有办法解决的"；

② 向他强调你这些日子里对他的付出；

③ 为自己过去犯下的错误道歉，承诺自己一定好好改正；

④ 承诺以后一定加倍对他好；

⑤ 表现得很无助和痛苦，暗示他没有他你就活不下去；

⑥ 依依不舍，不愿承认分手的事实，不愿离开；

⑦ 死缠烂打，凭借毅力让他知道想让你分手没那么容易；

⑧ 不断为自己辩护，声称他认为你身上存在问题都只是误会。

以上操作不仅没有效果，而且还会把你的前任越推越远。

反观你做出这些行为的底层逻辑，都是"我有能力和你相处，是你以前不愿配合，现在不愿给机会，只要你现在愿意和我复合，和我一起努力，我们能办到的"。然而，这些做法在前任看来却是"你还是没有意识到问题的严重性，你果然没有能力解决这些问题"。

那么，他为什么要把机会留给一个没有能力解决问题的人呢？

你要记住，在对方改变对你的负面印象之前，你的所有联系都是减分操作。

假设你们的关系是一个银行账户，在相处初期，你的才华、爱情的甜蜜、你的每一分体贴和为他带来的惊喜，都是在向这个账户里存钱，你们可以用这些存款去面对各种危机。而在相处中，你们的每次争吵、不满、隐瞒、背叛，都是在取走这个账户里的存款。

直到有一天，这个账户被透支了，而你并不知情，继续毫无节制地取款，逾期不还。久而久之，你被列入了失信人名单，从此以后，再也不能取款了，这就是分手。他不再包容你的缺点，不再为你付出，不和你见面，甚至不回复你的信息，毕竟为失信人的每一分投入，都是亏损。

不过，恋爱有一点不同的是，一旦失信，这个账户是连存款都不被允许的。你的礼物他不再接受，你的甜言蜜语他不再相信，你的承诺不再具有效力，更不用说若无其事地分享一些有的没的了。在他的眼中，你就是一个"恋爱失信人"，你做的一切讨好都是无效的。

作为失信人，你要做的就是争取恢复自己的信用，而不是一味地和对方讨价还价。

而且，我还要告诉你一句正确却很令人痛苦的话，**无法真正地离开，就无法真正地成长。**

挽回有两种绝望的境地：一种是分手后他不愿意和你联系，这让你看不到希望而自暴自弃；另一种是分手后他还愿意和你联系，这让你心存侥幸而不去努力提升自己。心态没摆对，一切境地都是绝境。

我知道前任偶尔的回应，对于恋恋不舍的你来说是很大的宽慰，就像黑暗中的一丝光明；同时它也是一个致命的诱惑，会让你把所有的心思都放在怎么维持眼前的这一点点光明上，断然拒绝为了复合走上漫长征途，甚至还奢望着"我这样和他聊着聊着，就能通过什么技巧或契机就重新聊出火花呢"。别多想了，他之所以仍然和你保持联系，是因为你是个"合格的朋友"，但你依旧是"恋爱失信人"。你不要因为他回复你几句话、收下了你的礼物、答应和你出去吃个饭，就以为他会答应和你在一起，这种想法就和"女生愿意和你出去约会就等于愿意和你有进一步发展"一样荒谬。

想动摇他的想法，你必须走上提升自己的征途，让他看到有能力的你，不然你就和他一辈子做朋友，将来高高兴兴地出席他的婚礼吧。

而你想要真正地走上成长的征途，就必须先把你的所有不舍装进盒子里，把它存好，不要让这一根情丝和一时贪恋，耽误了你们幸福未来的到来。

断联还有另外一个原因，就是士别之后才能刮目相看，换言之，如果你根本就没有淡出过他的视线，那么他是不可能对你刮目相看的。

假设你是少见的那种心态超好的人，一边和对方保持联系，一边也能耐住性子坚持去做正确的事，而你也的的确确实现了明显的自我成长，你已经有能力重新达到他的择偶标准，也有技巧处理你们以往的核心矛盾了，那么请问，他会相信吗？大概率是不相信的。

这就是人的认知机制：对于一直存在于自己周围的东西，人倾向于认为它是恒定不变的。同理，如果你未曾离开，那么他会很难看到你的改变。

那么，断联一般要持续多久呢？

断联的时间把握需要考虑三个关键点。

1. 矛盾的类型。

2. 他对你的未来预期。

3. 你走上正轨的速度。

接下来我们来逐一分析。

第一，矛盾的类型。

面对闹情绪的假性分手，一般需要断联 2 ～ 7 天。

面对焦虑型依恋导致的真性分手，一般需要断联 12 ～ 18 天。

如果分手后有纠缠、报复、情绪勒索等自毁形象的举动，彼此就需要更长的时间来冷却，断联时间通常是 20 ～ 45 天。

这些时间，往往代表了对方原谅你的所作所为，并且相信你可能有所改变的底线时间。只有越过了这条底线，对方才有可能不排斥你的联系。

根据矛盾的类型进行分析的结果，只是一个大致的参考，具体情况，还要考虑前任对你的未来预期。

第二，他对你的未来预期。

他对你的未来预期是由"他认为你的自我蜕变能力"决定的，也就是在以往相处过程中，你让他对你这个人的能力产生了多大的信任。

很多人在挽回的时候会说："我前任就是一个死脑筋，他决定的事情是绝对不会回头的""他只要认定一件事就无法改变，就没人能左右他的想法""他对人的看法，永远不会变"等。请不要为自己找理由开脱，都是年轻人，哪儿有那么多冥顽不灵？他不是不相信人性、不是不相信感情，只是不相信你而已，是你以往的表现给他留下了那样的印象。

对于这种情况，你就更要耐住性子来改变自己了。没有人会在看到确凿证据时还欺骗自己，对方之所以不相信你，是因为你从没拿出过证据。

第三，你走上正轨的速度。

除了对方的心理预期，更为重要的是你自己走上正轨的速度。

什么是正轨呢？正轨就等于你真正领悟了分手的必然性，加上你斩断了分离焦虑，加上你明白了挽回的核心，加上肉眼可见的自我提升证据。这些要素你都具备了，才可以去尝试复联。

如果你未领悟分手的必然性，那么你会心存侥幸，觉得对方和你分手是一个错误的选择，只要给自己一次机会，你就有能力把关系维护好。这个侥幸会推动你盲目地求和、推进关系，其后果必然是再次遭到拒绝。

如果你未斩断分离焦虑，那么你会留恋与他的相处，渴望对方能再给你多一点回应。如果对方拒绝，那么你会心态爆炸；如果对方回应，那么你会继续试探，想要更多回应，直到被对方拒绝，然后再心态爆炸。

如果你没明白挽回的核心，那么你的挽回是无章法的，你会给他送礼物、试图博取他的同情、依靠朋友为你说情、钻研各种神仙话术、琢磨他的动态、打击潜在的追求者等，这些无一不是在浪费你的时间。他是否愿意和你在一起，只取决于你是怎样的人。

如果你只是参透了挽回的真理，停止了不该做的行为，除此之外什么都不做，那么你的前任充其量只是相信你冷静下来了而已。一个不合适的人冷静下来了，也依旧还是不合适的人。断联这些天的表现未必能够让你的前任相信你已经彻底改变，不过至少你要让他感觉到你走在了这条路上。

如果你走上正轨的速度较快，那么在一定程度上是可以左右前任原来的心理预期的。如果你花费了大量的时间做无用功，与现实讨价还价，那么你在为自己的挽回增加难度。

每个人的心态好坏程度不同，不是所有人都是心态超人。而挽回又是一件反人性的事情，对心态的要求极高。在挽回的前期停滞不前、原地打转、钻牛角尖，都是很常见的。不过，我们最起码要控制好自己的行为，说了不联系就是不联系，说了不看动态就是不看动态。如果你现在连自己的行为都控制不了，又怎么保证将来能经营好亲密关系呢？

破冰：如何从不理不睬到恢复联系

本节要介绍的是从复联到邀约的一些关键操作。每个案例的情况都不一样，因此世上不存在完全通用的挽回策略。而我介绍的是大部分案例中的一些通用的部分。具体情况需要你结合自己的情况进行独立分析，或者找咨询师来帮你分析。

第一步，旁敲侧击，吸引注意。

在挽回的过程中，我们一般采用"双轨制"的联系方式，也就是前任的身边人和你自己，都要向前任传达你已经改变的信息。

一般情况下，在自己亲自联系前任之前，你要先借助前任的身边人的旁敲侧击来传递你发生改变的信息，这样做的目的有三点。

第一，**增加信息的可信度**。第三方的言论往往会比较客观，比你自己去表达更有说服力、更加可信。

第二，**激发前任的好奇心**。不论对方当时的表现如何，在好奇心的驱使下，他难免会开始留意你的变化，开始在生活中不由自主地注意你的动态。

第三，**试探前任对你的反应。**在你尚且不明确前任现在对你的态度时，这是一种非常有效的试探手段，比起你自己亲身去试探要更为保险。

我们要注意，前任的身边人虽然是侦察兵，但是他们并不是主力军，千万别让他们冲锋过头、用力过猛，一旦让前任察觉了你在让他的身边人来说你的好话，他反而会更加反感你，觉得你把你们的私事公之于众，给他带来了困扰。

你在请帮手的时候，一定要注意这一点，尤其要注意那些特别热心的帮手，他们往往把握不好这个度，一个劲地说你的好话，这样反而容易弄巧成拙。在拜托他们帮忙的时候，你不妨和他们先排练一下话术，让他们只是稍微提醒一下前任去朋友圈或某次聚会场合看看你的变化。最为关键的是，你要观察前任对你的反应，他的反应是依然对你充满反感，还是避而不谈，又或者是没那么排斥，甚至还说了一些诸如"其实他也不错"的话。如果他的反应不是负面的，那么你就可以尝试着亲自去试探一下了。

第二步，做好亲自出面前的准备。

通过旁敲侧击，前任已经多多少少重新注意到了你，他对你未必感兴趣，但总是带着一丝好奇。你的前任也在想，会不会你真的已经认识到了自己曾经的错误，正在努力地做出改变。在这种好奇心的驱使下，说不定他也会认真地去翻一翻你的朋友圈，然后陷入对往日的种种回忆中。如果他对现在的感情生活也不太满意，并且你们以前也有过不少开心的时刻，那么这样的怀念，就能为你的挽回提供强大的助力。

接着，稍等上两三天，你就应该试着去联系前任了。毕竟旁人说得再逼真，也依旧不如你亲自出面证明你的变化重要。

大多数情侣分手的原因是以下这几个吸引力丧失：性吸引力，也就是外貌和身材；情绪吸引力，也就是生活态度和情绪价值；生存吸引力，也就是物质条件和事业心。因此在和前任重新见面之前，你一定要先做好这些方面的提升。

而这些准备涵盖两个方面：一方面，你真的努力改变了；另一方面，你需要对自己改变的过程进行包装。

你可以好好利用自己的社交软件来证明自己的变化，操作不需要太频繁，两三天发一条即可，内容可以是有趣的生活状态，也可以是自己正向的思想感悟，或者是一些打卡记录。只要前任对你产生好奇，他就会翻看你的动态，看到你的变化。

不过有的人就比较不幸了，他们已经被前任彻底拉黑、删除，没有展示自己变化的平台了。

那怎么办呢？这就需要他们进行下一个准备。

第三步，写种子信。

先讨论一个问题：为什么要用种子信？除了这可能是你们唯一的沟通方式，信件有一个优点，它能够让对方看完你的表述。毕竟谁都无法抵挡好奇心的驱使，当前任看见特别的信件时，就会想打开看看你究竟说了些什么。

因此你需要做两件事：一是找到一个他尚在使用的邮箱；二是写一封字数为 200 ~ 300 的信，表达这段时间你的反思和感想。

而信件的核心内容如下：

① 对分手事实的接受；

② 对自己过去的不成熟道歉及反思；

③ 表达对方离开后自己的变化；

④ 大方真诚地请求对方恢复联系。

分手后很多情侣之所以拉黑对方，就是因为担心会迎来无尽的纠缠，而种子信就是在这短短的 200 ~ 300 字中明确传递这样的思想：我已经接受了事实，并做出了改变，以前是我不够成熟；现在我想单纯地以朋友的身份再和你建立联系，让你看到不一样的我。

用语一定要简洁明快，切忌在这个时候大吐苦水或表忠心，你一定要让对方意识到加回你的联系方式之后，你并不会纠缠，这样他才会愿意和你恢复联系。

这里给出一个种子信的例子：

哈喽，最近还好吗？再次祝你毕业快乐，入海开心哈。

这些日子我反思了很多，我想通了，我们之前的相处模式是不健康的，给了你不好的感受，我不想重复，也不再抱有幻想。

但我还是不太希望两人以敌对的状态结束这段关系。从此相忘江湖，留着对前任的一份记恨过日子，总觉得不太踏实。

我最近瘦了很多，开始努力健身，享受工作，一个人的生活也是挺完整的。我才想起来，原来自己拍的风景照还可以，有机会真想给你看看呀。你最近应该在准备考试吧，最后祝你留学顺利，前程似锦。

第四步，用"补遗憾"的方式，约他单独出来。

你们重新添加了好友。我知道你很激动，你恨不得拉着他，好好地诉说你的后悔、你的改变、你的思念等，不过这时候你要记住，你越想吐露，就越要闭嘴。

首先，改变的真实性不是靠你自己吹嘘出来的，你要让他亲眼见证；其次，你刚刚好不容易凭借轻松的话语和积极的生活状态引起了他的注意，千万不要重提不愉快的回忆；最后，刚开始加回好友的那几天，是你最不应该去找他的时候，你要给他一些时间适应和接受。

接下来，你要保持更新朋友圈的频率，而且主题要开始倾向于他过去的一些兴趣，等待他的点赞和评论。点赞这个举动，不仅代表他感兴趣，还意味着一个很重要的事实：他愿意让你知道他对这件事感兴趣。

这就是一个很好的切入口，不过别得意忘形，你只需要先简单地借着这个契机和他聊上几句，告诉他这是你最近正在做的事，分享一下你的感受和状态，注意要点到为止，不要把情绪的能量一次耗光，你先要让对方开始习惯和你聊天。

接下来，在线上聊天三到五次之后，你就可以尝试以共同爱好邀请他出来一起参加活动，一般你的成功率会非常高，原因如下。

第一，前任给你点赞、评论，已经明确表达了他的兴趣。

第二，前任愿意和你聊天互动，说明已经逐步卸下了对你的排斥。

第三，你约前任时，是以"共同兴趣"为媒介的，你们是拥有共同兴趣的朋友，他不会觉得敏感和尴尬。

除了发这种展示自己改变、引发对方兴趣的朋友圈，还有一种特别有效的方式，就是引发心疼。具体的做法就是在朋友圈展示一些让人心疼的状态，引起对方与自己沟通，比如：

① 发朋友圈说自己身体不舒服，如牙疼、感冒、浑身无力、疲倦；

② 深夜发朋友圈说自己失眠；

③ 发朋友圈说自己的好朋友得了重病；

④ 在朋友圈转发一篇带有悲观主义感情观的文章；

⑤ 在朋友圈发一个伤心的表情，却什么都不说；

⑥ 发朋友圈说你在下班路上遇到流氓纠缠（限女生）；

⑦ 发朋友圈说你在地铁上遇到痴汉揩油或有人偷拍（限女生）；

⑧ 发朋友圈说自己砸到了脚，请假休养几天；

…………

通过这四步，你已经成功地和前任重新建立了联系，也有了和对方单独相处的契机。至此，挽回大业也逐渐有了进展，相信你的心态也好了不少，但是后面的步骤很关键，会决定能否成功修复关系。

回温：如何重新走进前任的内心

如果进展顺利，前文所述的做法已经能够让你的前任意识到你改正的决心，间接地了解到你正在为改正之前的问题付出努力了。但是这还远远不够，你必须通过实际行动来证明你真的已经有了变化，必须让他亲眼看见这一切的成果，否则这和之前你们一吵架你就反悔认错，到头来依旧保持原样的举动没什么区别。

有不少人都觉得，既然双方都可以约出来见面了，说明已经成功了一大半，其实并没有。这个时候你依旧要保持稳中求进，千万不可以一见面就开启以往卖惨哀求的模式，否则就会前功尽弃。

接下来分享一下见面前最不应该有的两种心态。

第一种是刻意地证明自己。

请记住，我们每个人都有追求更好生活的权利。恋人留在你身边陪伴你成长是情分，而不是义务。如果前任因为你的不成熟和低价值离开了你，那么你可以伤心难过，但也要给予理解和尊重。

而很多人，好不容易通过重塑自己找回了当初的状态，却在见前任的时候不经意流露出一股傲气——"你看现在我变得多好，当初你离开我，你一定很后悔吧"。

你明明是以朋友的身份约前任出来的，为什么一定要为争那一口自己臆想出来的气，而用面对敌人的姿态面对前任呢？正视自己当初的问题，尊重前任当时的选择，不闹小孩子脾气，才是真正成熟的做法。

第二种是迫不及待地向对方表达你的感情。

很多人只要前任一说"你现在变化好大"，瞬间就控制不住自己的情绪，哭诉说："我这些改变都是为了你，你回来好不好，我已经为你做了那么多。"

不，这不是你应该改变的理由。你改变是为了让自己成长，让自己提高价值，让对方来欣赏你，并被你吸引。前任刚刚还觉得你从容淡定，而你的这种表述一下子就让他觉得你还是那个放不下他、纠缠他的人，只不过你的纠缠技能冷却时间比较长罢了。他可能会觉得你接下来还会和他牵扯不清，因此开始新一轮的逃避。

而且，你在他离开之后做的这些事，如果真是全部为了他，那么这个心理包袱对他来说就太沉重了。他作为一个已经和你没多大关系的人，又怎么承受得住呢？

千万不要让这两种心态，毁了你之前辛辛苦苦塑造的形象，让挽回功亏一篑。

那么复联后第一次见面时，有什么是可以做的呢？你要记住，第一次见面时，只需要摸清状况即可。

因为这时候你们的关系严格来说只是普通朋友，即使你们经历过再多的事情，现在也请你依旧以对待朋友的态度对待对方，所以复联后第一次见面，你只需要让对方看到你的变化，同时了解对方最近的生活状况，完成简单的信息交换即可。

选择见面地点时只需要找一个比较安静的环境，两个人聊聊天就好。见面结束后，只有当你提出送对方，对方也答应了，或者对方主动送你的时候，你才可以和对方一起回去。如果你提出送对方，被拒绝了，那么你一定别勉强对方。

一般来说这次见面，至少需要获取以下信息。

对方离开你后做了些什么事，状态如何？是开心还是不开心？

对方现在的生活节奏怎样？忙不忙？

对方近期的情感状况如何？

前两条是在为你后续的举动铺路，你只有清楚对方的状态，才能更好地创造接触机会；而第三条可问可不问。如果你们状态够好，以开玩笑的状态问一下第三条，对方也不会介意。

不管你问不问，其实有一点是肯定的，那就是前任心里依旧对你有感觉，如果他已经对你彻底死心，或者早早确定了新的恋爱对象，他根本就不会和你见面。

这次见面结束了，后面要怎么操作呢？你要和他保持高频率、小幅度的联系。

注意：高频率并不是让你天天和他聊天，其意义是深化他对你的认识，刷存在感；而小幅度则是要你把握住每一次联系的频率，浅尝辄止，不要让对方因为你突然的靠近而无所适从。

正确的联系方式应该是，每周和对方联系三四次，每次聊五六句，只聊日常，不升级关系，只为了培养熟悉感。

请你千万记住，因为之前分手事件的影响还在，所以千万不要试图通过一次见面加上之前的聊天，就让对方彻底改变对你的印象。你的改变、你做事态度的不同，都是需要你的实际行动和真实接触去证明的。

你之前朋友圈的记录状态需要继续保持，并且半个月之内，如果没有特别好的机会，先不要太着急直接约对方，这段时间只需培养熟悉感。

最后一步，就是利用"关键人生节点"来进行挽回。

现在，他对你的印象已经改观，熟悉感已经建立。万事俱备，只欠东风。而东风在哪里？东风就是每个人都会遇到的关键人生节点。

每个人都会有这个时刻，而且这个时刻并不少见，你总会在一些时刻感到特别迷茫，特别焦虑，渴望安慰，或者希望找人倾诉。

而在那个时刻，谁出现在你的身旁，及时给足了你情绪上的帮助，你自然而然地就会对那个人产生好感和依赖感，进而开始萌生感情。

因此你就可以在原来感情的基础上，利用关键人生节点迅速切入，在对方情绪的爆发期，引导对方重新期待你的陪伴。

而之前为什么很多人抓不住这些时刻？理由有两个，一是他们抓住了，但当时他们并没有给对方留下一个已经彻底改变的印象，对方即使很感动，也依旧觉得两人不合适；二是他们没有让对方和他们产生熟悉感，因此对方的信息他们很难捕捉到，连关键人生节点出现的时刻都不清楚。

关于第一点，你事先做好了铺垫，前任亲眼见证到了你的变化；至于第二点，对方已经开始对你产生熟悉感，因此会打开信息口，你就很容易找到他的关键人生节点。

在这个时候，你只需要迅速切入，然后像当初那样，做对方的顶梁柱，给予对方支持和安慰，让对方意识到自己并不是孤身一人，还有你可以依靠，对方就极有可能重新回到你的身边。谁都渴望即使时过境迁，即使走远了那么久，自己要回头时，还有一个温暖的怀抱等在那里，有一个人会在耳边温柔地告诉自己"不要灰心，我一直都在"。

均衡：关系不对等，该怎么去调整

一段感情之所以走到头，往往是因为双方的姿态不平等。要么你姿态太高，不懂珍惜对方；要么你姿态太低，太想把对方死死抓住。而这样的你们就算复合了，关系也还是老样子，一直处于摇摇欲坠的状态。因此，复合成功后，情感的修复是必需的，而关键在于把这个不平等的关系调整为平等状态。

那么，什么样的关系是不平等的呢？

出现以下迹象说明你们正处于一段不平等的关系中。

聊天总是一方发起，另一方被动回应；一方的付出被另一方视作理所应当；一方从没有在大庭广众下承认你们的关系；等等。

总之，在一段感情中，一旦出现了不平等的情况，一定会对感情产生潜移默化的负面影响。这种影响首先体现在感情的满意度上。付出多的那一方会觉得自己在这段感情里付出太多，却没得到什么回报，而付出少的那一方就会觉得对方太黏人，让自己在感情里不够自由。

在不平等的关系中，双方会因为很多小的问题争吵，比如"你为什么不让我认识你的朋友""你为什么不能多陪陪我""你为什么总是不记得我说过的话"，等等。而以上问题的核心就是：你到底爱不爱我？

从表面上看，好像是承诺多的那一方更难过，但实际上，承诺较少的那一方也并不轻松。他们在这种不平等的关系和对方的不满中同样过得很煎熬。

那么，你该怎么来解决这个问题呢？

如果你是付出少的那一方，突然有一天他觉得累了，决定放弃这段感情，而你这个时候突然意识到自己一直在享受对方的付出，没有好好珍惜，那么虽然你现在已经挽回他了，但他的心理其实依旧是不平衡的。他之所以答应复合，只是因为想给你一个机会，看看你今后的表现，看看你会不会为了他而改变以前那种不付出、坐享其成的相处方式。那么这种情况下的情感修复方法就是你为对方做对方为你做过的事情。

细想一下，他过去愿意放下身段为你付出，说明他一定是爱你的。那么他之所以选择离开你，是因为他的爱意得不到你的回应，他积攒了太多的失望。而把这部分缺失弥补起来，就是最简单、最直接的情感修复方法。不过弥补的具体方法还是要根据对方的性格和需求来判断。只要你认定了这个人是值得你去长期相处的人，那么现在就用心地弥补他吧。

如果你一直是为对方付出的那一方，那么在复合后，你可能还会继续这样低三下四地讨好对方，一旦出现矛盾，你还是会和以前一样，毫无底线地卑微求和，这只会让对方觉得你毫无尊严、不值得他去爱，于是再次选择和你分手。因此，复合成功后，你要做的就是逐渐调整自己的姿态，让自己站在和对方平等的位置上。具体来说，你可以试试下面这些做法。

第一，你要学会爱自己。

因为看到他如此优秀，你就觉得自己离开了他没办法好好生活，所以加倍对对方好。这种想法肯定是有问题的，要知道，在遇上对方之前，你一直好好地活在这个世界上。即使你的生活里没有了他，你也还是你，你的生活也不会因此变得更糟。而他在你眼里之所以很特别，其实并不是因为这个人本身很特别，而是因为你们之间发生了一段故事，这段故事让你很心动，你会给这个人和这段故事赋予特殊的意义和价值。

他的光环都是你赋予的。你眼中的他再好，那也是在你面前才成立的，你大可以把这个光环收回来，不要妄自菲薄，爱自己才是最重要的。很多时候，你摘下滤镜后，会发现对方也仅仅是人海中极其普通的一员。

第二，你要做一个有高情绪价值的人。

你在一段感中表现出低姿态，一般有两个主要原因：其一，你的硬价值不如对方，你需要花很多心思去讨好对方，比如每次都是你送礼物、你买单、你道歉认错、你照顾对方情绪等；其二可能是你内心自卑，担心自己配不上对方，生怕自己对他不好，他就会离你而去。不管出于哪一个原因，你都可以试着用情绪价值来代替卑微讨好。情绪价值是什么呢？就是你能让他开心的一种能力，比如你可以通过聊天让对方开心，那么你就不需要刻意讨好和服务对方了。你有能力左右对方的情绪，自然也就不需要在关系中感到自卑了。

很多时候，情绪价值可以弥补很多客观条件上的短板。比如对于脱口秀大会里的徐志胜，很多女生开玩笑说："徐志胜除了显示屏一般，其他的都是顶配，尤其是徐志胜的幽默感和高情商。"一个有高情绪价值的人可以给别人带来快乐。当你拥有这项技能时，你就拥有了心理优势博弈的门票。

当然，情绪价值既有正面也有负面，这里主要指一种能够给人带来一切美好感受的能力，能够引起正面情绪的能力，这种能力很美好，也很独特。

一段好的情感关系需要的是互相给予，而不是互相消耗，因此付出的人往往在情感里更加难能可贵。为什么亲密关系里的两个人要重视情绪价值呢？因为在亲密关系中，我们经常要面对对方的喜怒哀乐，分享对方的生活经历，这些都会让我们每个人表现出一些情绪。而作为你身边的人，他也会感受到你的情绪。

比如，某个女生今天上班被上级骂了，憋了一肚子火，下班回家后看到男朋友在沙发上打游戏，火更大了，觉得他一点都不上进，于是对他发脾气，没想到男朋友也不是吃素的，两个人吵了一架。

如果你的坏情绪引发了对方的坏情绪，那么你的情绪价值就是负面的。同样一件事，我们换个角度再来看看。我今天被老板骂了，心情很不好，但是我自己调整好了情绪，看到男朋友在家里打游戏，饭也不做，我本来也想发脾气，但是忍住了，还是好声好气地问男朋友："我今天下班晚了也没做饭，你看想吃什么，我做给你吃啊？"结果男朋友看到我疲惫的样子满脸心疼，说："干脆我们出去吃吧，对面新开了一家你最喜欢吃的麻辣烫，我们去试试吧。"你看，你的好情绪给对方带来了好情绪，那么，这个情绪价值就是正面的。

如果你想成为一个可以为对方提供情绪价值的人，那么你需要做到以下几点。

第一点，成为一个情绪稳定的人。

情绪稳定并不代表没有情绪，而代表可以自己消化负面情绪，更厉害的是自己可以产生一些正面情绪。只有当你拥有正面情绪时，你才可能把正面情绪带给你的另一半。毕竟每天都唉声叹气、愁眉苦脸的人是不可能带给别人快乐的。

第二点，掌握日常交流的技巧。

这里分享一个技巧：批评别人的时候对事不对人，夸奖别人的时候对人不对事，这一点在亲密关系里面特别重要。比如，一对情侣晚上看了一个电影，电影结束得很晚，因此睡得晚，结果第二天大家都很疲惫，上班也都迟到了。

　　两个人讨论迟到的事情时，男生说："昨天那个电影结束得太晚了，结果我们都没起来。"女朋友说："是啊，我也没有叫醒你，弄得你也迟到了。"这里可以看到男生有情绪价值的回答方式是，双方迟到还是因为电影太长了，以后预订早点结束的场次的票就行了，而不是怪女生没有及时叫自己起床。不好的结果已经产生了，因此现在最重要的是解决问题，而不是发泄情绪。

　　如果这两个人讨论电影好看不好看的问题，男生问："昨天那个电影好看吗？"女生说："我觉得一般，你觉得呢？"男生有情绪价值的回答方式是："我也觉得一般，但是我觉得和你一起看电影这件事就很好啊。"你看，这就是日常沟通中的一些小细节。总之，在相处的过程中一定要多夸夸对方，这样可以增进两个人的感情。

　　第三点，创造共同的情绪价值。

　　两个人要经常做一些事情来增加彼此的互动，一起创造共同的情绪。同样一件事，你告诉他的和他自己亲身体验的是两个不同的概念。一起看电影，一起回家，一起赖床，一起迟到，这一系列的事情就会让你们产生情绪上的变化。当你们相互滋养的时候，这些体验感在你们二人之间就是独一无二的，之后你们为对方提供情绪价值时就能够事半功倍。总之，在情感中，要多为对方提供情绪价值，这样可以让两个人的关系更加亲密。

第七节

误区：盘点挽回的那些"白痴问题"

错的人不惧离开，对的人不怕从头开始。我们来看一看，如果你挽回不成功，想放弃了，要怎么才能忘掉前任。

如果你对挽回过程还有很多困惑，可以着重翻看这一节，挽回中的很多问题，你都可以从本节中找到答案。

"为什么需要断联？他在断联期间放下我了怎么办？"

我知道断联这一点是你很难接受的，你会觉得："我就是忍不住想联系他，我太想他了""断联后他不就觉得我放下了吗""要是断联期间他跟别人在一起了怎么办"。

其实，可以不断联的话，我也想让你快速开展其他挽回行动。而我之所以提出需要断联，往往都是因为现在不得不断联。你分手后做的那些反复求合、骚扰、情绪宣泄、空头承诺等行为，已经导致对方对你充满戒备心和不信任，对方对你的容忍度已经变得极低，处在将你删除、拉黑的边缘，或者已经将你删除、拉黑。

此时，任何话题都不能让你们舒适地聊天，你们继续联系反而只会进一步透支你们的关系。有你这个情绪爆炸的反例作为参照，只怕他的择偶标准会一落千丈，他可能都想随便选个人在一起以摆脱你的纠缠了。

因此，对方还在气头上时，先断联，给双方留出一段缓和的时间，让你在他那里的负面印象有所消退，让他去感受和你分开的不适，让他有空间可以偶尔想起你的好，也让你有时间反思这段关系中存在的问题并做出调整，这才是正确的思路。

而且你要改变也需要时间。没有人能一边纠缠对方又一边提升自己。只有你和他适当疏远了，并且你花时间进行自我改造，他才有可能相信你产生了实质性的改变。

没有一段感情能够真正被放下，他只是不想重蹈覆辙才不跟你在一起而已，而当你向成为他的最佳选项的方向靠近时，他的内心自然会有所动摇。

"他都不肯给我机会，我还怎么挽回啊？"

我知道，你想从他身上获取保证，你想说："你要等我，你先不要和别人在一起，你和我再处一处，我会改变的。"

但对方为什么不可能给你这个保证呢？那是因为对方也想先获

取你的保证，听你说："和你复合了，我不会故错重犯，我不会再伤害你。"

如果你要求他给你机会，你再自我改造，那你们就会僵持不下，沟通进入死循环。

这就跟买东西时先付款还是先交货是同一个道理。卖家要是愁卖，他大可以让买家先看实物、验验货再交钱。可要是卖家不愁卖或者就不愿意把产品卖给你，而你不急着去筹款表明诚意，反而还要求先验货，那这个卖家凭什么还要跟你做买卖呢？

作为挽回方，你在被对方拒绝后，要先思考自己身上有哪些不足，然后去改进不足，最后将成果展示给对方。你要通过实打实的行动和改变去动摇他分手的决心，而不是什么都不做，妄想通过乞求或耍耍嘴皮子，就让对方给你机会。这么好的事，应该只在梦里有吧。

"挽回期间他有了新欢怎么办？"

虽然对方已经恢复单身，在这期间遇到新欢确实是有可能的，但是在绝大部分的案例中，这种担心其实都只是杞人忧天而已。

此时的你对他毫无约束能力，甚至可以说，这个时候你再出现去干涉他的自由，只会加速他的新恋情的出现。这要么是因为你乱糟糟的形象导致他对新对象好感陡增，要么是因为他对你不堪其扰，为了让你死心不得不开始新恋情。

尤其作为焦虑型依恋的人，你其实不是在担心他有新欢，而是在担忧对方会不再爱你，甚至会遗忘你，别说现在你们已经分手了，就是在当初的热恋期，你也一直在怀疑这件事。

分手后，你会继续幻想新欢的存在，你的这个思维是很折磨人的。甚至有的严重焦虑的人，会把绝大部分时间都花在"监控"对方的社交账号，分析琢磨对方的每条动态，以及调查所有与对方有互动的异性上，而对自我改造则提不起兴趣。

如果你有自控力，那么请自行打消这个念头，专注于自己的提升吧。就算你有竞争者，你要做的也是让自己变得更加符合前任的情感需求，而不是采用插手、破坏、中伤这些杀敌一百自损一千的方式。

而如果你没有足够多的自控力，那就需要主动找导师探讨如何应对这种焦虑情绪了，这就是你挽回时首要解决的障碍。

"我好想约他出来谈谈，我就想知道他现在对我有什么想法。"

我很能理解你心中的不安，有些事情必须从本人的口中听到才能确信。你希望他如实地告诉你："我和你分手是因为你……让我不满意，如果你能够……，我会考虑重新和你在一起。"这样你会更有动力，对吗？

但是，他大概率不会答应出来见你，而且就算你强硬地说服了他，也只是在透支你们剩下的一点点舒适度而已，他的态度将会是："我就给你个说话的机会，5分钟？3句？说完我们就结束。"而与此同时，你说什么，他都不会信的。

他永远不会告诉你分手的真实原因，只会借这个机会来劝退你："我已经放下了，你也放下吧""我对你没感觉了""我有喜欢的人了""我就觉得自己一个人生活挺好""你挺好的，是我配不上你"。请问这些话你怎么接？

因此，如果你想给自己找一个放弃的理由，约他出来是个好方法。不过如果你想挽回，就要忍受不确定性了。万事都不会有人给你打包票的，可以确定的是，你的思路不应该是琢磨"他现在怎么想"，而应该是"我希望让他怎么想"以及"我要怎么让他这样想"。

他都不看我的朋友圈，他都已经把我拉黑了，我还有必要发朋友圈展示吗？

确实，他现在可能不会看你的朋友圈，也不会给你点赞，现在他已经对你失去了兴趣，甚至你可能已经被他屏蔽或删除、拉黑了，这会让你觉得发了朋友圈也没什么意义。

我先问你一个问题：如果将来某天他对你产生好奇了，可能是因为他看到你的状态确实跟以前不同了，可能是因为种子信起了效果，也可能是因为他夜深人静偶尔想起了你，等等，那么他会通过什么来了解你的动态呢？不还是通过朋友圈这类社交平台吗？

因此，你要先把"子弹"准备好，等到你确保对方关注你了，一

击即中，这才是上策。而等到你发现对方有这个意愿，你才匆匆忙忙
地准备，就已经晚了。朋友圈的布局往往需要半个月到两个月不等，
其内容才能合理地说服对方自己已经改变。

　　"我减少投入，我不理他，他不理我，我们的关系不就
凉了吗？"

　　在过去与对方的相处过程中，你强烈的需求感已经压倒了对方，
导致对方迫不得已彻底和你分手，以求得独立的空间。在这样的局面
下，你不担心自己的余温烫着对方，反而还担心自己会冷落对方，这
不是很奇怪吗？

　　假设他对你的需求感是 4，你对他的需求感是 9，那么你们就
是需求不对等的，感情必定会出问题。而你现在把你的需求感调到
3～5，和对方当下的需求感相匹配，那你们的关系就处于一个相对
令人舒适的程度。也就是说，调整需求不是让你把需求变成 0，而是
让你配合对方的需求感。

　　当然，你们现在已经分手，他现在对你的需求感很低，而且也几
乎不会继续接受你的任何需求，因此你展示低需求感的方法就是合理
分配自己的精力，把精力分配在工作、生活、爱好、技能、社交等
上，展示自己从多个方面获得价值感的状态，享受并热爱生活。这样
的你才会更加可爱。另外，联系的频率、时间和内容都可以采纳导师

的建议，你要避免依依不舍和念念不忘。

"要发朋友圈我却没有素材啊？"

"我平时都不怎么发朋友圈的""我的生活就是两点一线""也没人帮我拍照啊"，这些就是问题所在了。想想，对方更喜欢一个生活多姿多彩、感情细腻丰富的人，还是更喜欢一个天天闲着没事干、整天缠着他、念着他，又不知道聊什么好的人。他可能会觉得后者很可怕。

你遇到的问题，就是你要克服的问题，你不能只抱怨一句"我没素材"就算了。你当然没素材了，你要有素材，情况就不会是现在这样了。

导师可以给你展示朋友圈范例，可以告诉你要展示内容的方向，可以和你斟酌某一条朋友圈内容，却不能帮你变出一条现成的朋友圈内容。要改变自己的人，是你自己，你得想办法创造条件。

你不是要虚构一些朋友圈去骗他，虚构朋友圈是不道德的，你要真正去改变自己的生活状态，并且展示变化让他看到。展示只是你挽回的冰山一角，冰山下是你由内而外的变化，而这才是挽回的关键。

"为了挽回，我要改变自己的性格，可是我做不到啊！"

两个人在一起，是需要满足一定条件的：需求一致，价值观一致，价值匹配。一开始你们在这几点上或许是契合的，但情况在相处中会逐渐发生变化。

一个喜欢社交的男生是不接受一个爱吃醋、爱哭的女生的，一个好静的男生是不能忍受女生经常在耳边叽叽喳喳的，一个追求安逸的男生是忍受不了女强人的鸡血攻击的。如果你选择和他重新在一起，就要做好接纳他和迎合他的需求的准备，不然就不要让双方再痛下去了。

你千万别说"我天生就是……"之类的话。说这种话的人，总是把一些缺点跟自己绑在一块。敢情你这个人就是人类缺点的集合体，这些缺点没了，你就活不了了？

"他转发了一首歌，他发了一条微博，他是什么意思啊？"

"他在'唱吧'唱了一首歌叫作'阴天快乐'，他在微博点赞了某明星分手的消息，是不是在暗示什么啊？"

这要分情况看。如果你们是假性分手，他连续发各种动态来刺激你，这是有可能的。

如果你们是真性分手，对方已经放下，他自己生活得正开心，那我建议你不要打扰他，他发的动态真没什么隐含意思。很多流行歌曲都是伤感的，几乎每首歌你都能对得上号，难不成要他唱"好运来"

你才相信和你无关？如果你有忍不住对号入座和胡思乱想的习惯，你还是把他的动态屏蔽掉吧。你的心态一旦维持不住，你就没办法继续做该做的事了。

"我可以让他的闺密、介绍人、父母给我求求情吗？"

你们的恋爱有很多亲朋好友支持，他们都能看到你们和好，只要你拜托一句，他们就会前仆后继地向对方说你的各种好、替你道歉。那又怎样？这能改变他对你的想法吗？他是相信和你近距离相处时亲眼看到的那个你，还是别人求情时口中那个多么好的你？

他对你不满意，别人说什么都没用。你求别人帮忙的行为反而会给他留下你不能独自解决自己的问题、缺乏反思和担当的印象。该自己反省的自己反省，该好好改正的好好改正。没有实际性改变的复合，都是在浪费双方的时间。

周边关系是伏兵，是在你即将歼灭敌人时的有力帮手，不要在局势逆风的情况下让你的伏兵一个个去"送人头"。

"怎么我都按照要求发朋友圈了，他也不给我点赞。"

人们只有在打电子游戏的时候，才会每完成一个任务都有实时的奖励；只有缺乏意志力的人，才需要及时的外部反馈来维持自己的动力。

　　选择分手的一方在分手时，已经彻底不相信这段感情了，他不相信空头承诺、不相信行动，只相信结果。你发了一条看书的朋友圈就意味着你变成一个情绪稳定的人了吗？你发了一条自拍就说明你变帅、变美了吗？你自己都不相信自己的改变，对方如何相信？对方不相信，因此不给你点赞是很正常的。

　　不要心浮气躁，要坚持做正确的事情，改变前任对你的负面印象是需要时间和努力的。

　　挽回的前期是一个最容易体验无力感和绝望感的时间段。在这个时间段里，你要做的事很多，能够收到的好反馈却很少。不过只要你坚持下去，当你习惯了提升、成长后，你会逐渐感到轻松，而他则会对你感到吃惊和好奇。

　　"一直聊得不冷不热的，关系也没办法推进啊！"

　　你期待能通过和他的聊天一步步让关系回温，你求助问题，询问生活问题，暧昧互动，谈论情感话题；或者你期待有一种神仙话术能帮助你打破僵局，不过很遗憾，关系不是通过聊天推进的。

　　你和他相处已久，对方对你已经知根知底，他的眼里已经装满了你的缺点，以及和你分手的矛盾点。你想要越过这些，悄咪咪地复合，你当你的前任看不见这些吗？

仅仅通过聊天来复合，你会在某个节点进入死胡同，比如他就是不聊生活，他就是不和你出去。因为他没有看到你有足够多的改变，所以你要耐着性子。这份耐心，本身也是一种改变，也能颠覆他对你的印象。

"之前还聊得好好的，怎么突然间就不回复我的信息了？"

你们的关系本来就处于不稳定的状态，因此一个不适宜的话题、他的心情状况、他的闲暇状况、外界的干扰，都有可能造成他的回复是波动的。

有时回，有时不回；有时回得多，有时回得少；有时回得快，有时回得慢，这些都正常。重要的不是他当时是怎么想的，而是你要如何做出调整。

寻找合适的话题，控制沟通频率，调整需求感，就是你能做的最好反应。除此之外，他有回复你和不回复你的自由，只要你心态平稳，坚持做正确的事，他总体上的反馈就会更好。

"我们又不在谈恋爱，我要怎么把内在的变化展示给他啊？"

设想一下，如果是你的爱吃醋、爱发脾气的前任来挽回你，你要看到他变得怎样才相信他已经和以往不同了呢？是不是真的需要再去谈一场恋爱来确认？

其实是不需要的。他只需要一个相反的外向的、大方的、人缘好的、接受新事物的形象，以及情绪管理方面的成长和见解，就足以引起你对他的好奇，让你对他另眼相看了。

所有相处中的毛病，都有一个相反的能外化的正面形象。你要把它找出来，这样的形象就是你的成长目标。

"他是一个很绝情的人，一旦做出了决定就不反悔，即使我改变了，他也不会选择我的。"

既然你如此坚信这一点，何必下决心来挽回呢？是要让自己攒够失望值，彻底放下？

世上没有绝情的前任，只有畏难而不愿意做出改变的自己。没有人会把幸福拒之门外。如果你是他的最佳选项，那他选择你何乐而不为呢？

反之，他不愿意给你机会，你也不要怪罪他，先问问自己，是否已经成长到能处理好你们之间的关系了。人生幸福很重要，没人愿意选择一个给自己带来痛苦的人。

"我就怕尽了所有的努力，还是挽回失败。"

的确有这个可能性。挽回属于最棘手的情感问题类型，相当于要把心脏停止跳动的病人抢救回来。即使是在专业咨询师的帮助下，考虑具体案例的情况、不同来访者的特质，挽回概率也在 40% ~ 80% 不等。即使你和我都已经尽力了，可能也有一些问题很难解决，尤其是外力导致的问题——家人不同意、异地、没有时间自我成长等。

不过，你每减少一分无用的忧虑、质疑、自我打击、畏难和错误，每做一件正确的事情，你都是在无形中为你的挽回大业添砖加瓦。所有挽回成功的人都会发现，自己在日复一日的努力中，其实已经甩以前的自己好几条街了。而这，也是对方回头的理由。

第五章

让你爱的人
重新爱上你

第一节
维持：如何让恋爱保持热度

两个人在一起久了，发现对彼此的新鲜感降低，鸡毛蒜皮的摩擦和冲突增多，话题慢慢减少，甚至甜腻的时刻也越来越少，这时候你不得不提示自己："我们的感情变得冷淡了。"

虽然你会宽慰自己，爱情终将变成亲情，可是处在这个时期，你仍然会疑惑：

当爱情逐渐变成了习惯，我应不应该坚持下去？

面对逐渐消散的激情，我该如何应对？

哪些信号代表感情变淡了？

第一，你们交流的频率大幅度降低。

刚刚相恋的时候，你们彼此有说不完的话，关于过去的经历、现在对彼此的感觉以及对未来的期许。

可是现在，你们每天沟通的内容单调乏味，并且沟通次数屈指可数。

第二，抱怨日益变多，解决问题的意愿降低。

另一半在你眼中的闪光点逐渐消失，那些日常生活中的小摩擦成了你们沟通的主旋律。

更可怕的是，你们即便明明意识到两个人的相处出现了问题，但是已经失去了解决问题甚至沟通的耐心。

第三，出现精神出轨。

虽然没有实质的出轨行为，但是你们对其他异性会有"如果我跟他生活在一起会有怎样生活体验"的念头。

为什么原本浓烈的爱情会变淡？

美国心理学家斯滕伯格给出过这样的结论，一段完美的爱情应该具备三种要素：激情、亲密、承诺。这也就是经典的"爱情三角理论"。

人们常说爱情都是有保质期的，或者说爱情终将变成亲情。

其心理学本质，是爱情中激情的部分是会消耗殆尽的。

研究者鲍迈斯特认为，两个人建立亲密关系后，强烈的激情会随之而来，但这种情绪的持续期只有几个月，最长也只有两年。

过去的你们，只要看对方一眼就心跳不已，想了解对方的过往、爱好、对彼此的想法，每次沟通都带着期待。

随着相处增多和了解加深，新鲜感减少，激素分泌水平降低，激情燃烧殆尽，亲密和承诺却没有建立起来。这样的一段亲密关系自然显得尴尬而古怪。

李宗盛的那首《阴天》里，有这样一段歌词，唱出了爱情的本质

开始总是分分钟都妙不可言

谁都以为热情它永不会减

除了激情褪去后的那一点点倦

究其根本，人之所以产生所谓的"审美疲劳"，无不是因为一个经典的心理学概念：感觉适应。

大量的心理学研究发现：任何外部刺激，不论是电击，还是金钱，最终都会被"适应"，也就是让人没有感觉。

这是一个非常恐怖的结论，这意味着：任何外部奖励，不论金钱、升职还是美食，都只能提供短暂的幸福感。

在日常生活中这样的体验也随处可见：同一种食物吃久了，人们就会对它感到厌腻；同一支乐曲听多了，人们就会感到它不再那么悦耳；同一件衣服穿久了，人们就会感到它不再新鲜。在爱情中，人们同样存在这种"喜新厌旧"的心理。

激情的褪去，伴随着如下几种情绪。

第一，你喜欢的，是你脑补出来的他的样子，而非真实的他的样子。

人们在刚刚认识的时候，总是会下意识保持最好的一面，当渐渐

熟识后才慢慢将真实的自己释放出来，不管是友情还是爱情，莫不如是。很多人会痛苦地指责对方变了，其实他没有变，他只是跟你想象得不太一样了。

第二，新鲜感消失。

恋情开始的时候，你们像两个饥渴的孩子，拼命想探寻对方的一切。

可是故事终有说完的一天。慢慢地，可供两个人探索的话题逐渐减少，乏味的生活又断绝了你们发展新兴趣的可能。新鲜感的消失在所难免。

第三，身体产生倦怠。

性吸引是浪漫爱情的开始，旺盛的激素会让你产生为了对方赴汤蹈火的冲动。

渡边淳一说过："爱的本质是面对一个人时的紧张状态。"

你看到他的时候，呼吸急促，脸红心跳，这一系列生理反应提醒你：你爱上他了。

可是多巴胺的分泌是有限的，我们也不可能一直对一个人保持紧张状态。

一段感情变得冷淡，我们该如何应对？

第一，更多地参与彼此的生活。

举个简单例子，全职主妇的家庭往往更容易产生矛盾。其根本原因是，双方都觉得对方不理解自己的付出。

丈夫埋怨妻子不体谅自己的工作压力，花钱大手大脚，还老埋怨自己晚上加班；妻子埋怨丈夫忽视自己对家庭的付出，觉得带孩子、做家务比上班累多了，丈夫回家还不爱说话。

这没有谁对谁错，只是双方不曾参与对方的生活，自然倾向于认为自己承担的委屈比较多。

久而久之，从一开始的分工明确变成争执、冷战，甚至分手。

心理学家格罗特指出：在亲密关系中，双方越觉得彼此的付出在感情中是公平的，爱情越持久；相反，双方都觉得自己的付出没有得到应有的尊重，就会导致关系紧张。

因此，最理想的关系相处方式是更多地参与彼此的生活，比如双方交流各自在工作领域中的成长，一起照顾孩子并交流育儿经，共同发展一个爱好，分担家务等。

第二，面对冲突，使用非暴力沟通。

大多数感情的分崩离析，往往不来自所谓的"原则性问题"，而来自日常琐碎的冲突。

如果让我只说一条婚姻的保鲜秘籍，那就是"沟通"。

沟通包含沟通的意愿和沟通的技巧。

沟通的意愿指的是，有问题及时表达，当你内心有了抱怨，一定要主动跟对方诉说，而不是憋着，或者寄托给所谓的蓝颜知己、红颜知己。

举个简单的例子。你们逛街的时候，对方迟到了，或者瞟了别的女生一眼，你内心很生气、很窝火，对方也感受到了你的情绪。可是不管对方怎么问你，你都咬死说"没事"，对方放下心来，真的当作什么事情都没发生，你却委屈地哭了起来，怪身边的他不懂你。

你们之间明明有问题却不沟通，一个觉得不被理解，一个觉得对方胡闹，这是恋爱中的恶性循环。

感情中太多人如此，惧怕冲突，把心里的委屈憋着不说，自认为不吵架的关系就是良性的关系，但其实好的争吵能够让两个人高效地找到共识。

我们要杜绝沟通误区，使用正确的沟通方式，就事论事而不是诉诸情绪。

当遇到冲突时，我们可以选择以下沟通方式：

陈述客观事实，记住，是客观事实不是对对方的主观评价；

表达自己的感受，很多莫名的争吵产生的原因就是搞错了事实和感受的顺序；

提出解决方案，只抱怨情绪不给出方案方向的沟通都是无理取闹；

引导对方表达，提出方案后去了解对方的看法、诉求。

第三，做一次详谈，深入了解彼此的"三观"。

或许过去你们了解过彼此的兴趣爱好、童年经历，不过想要彼此深入了解对方，肯定不能靠"你在哪？干什么呢？吃了没？"这种话题，而是需要通过一些能够互相探索内心想法的问题、一些拓展性的话题。

在《纽约时报》上有过这样一篇专栏文章——《只要你这么做，想爱上任何人都可以》（ *To Fall in Love With Anyone, Do This* ）高居其网站当周点击量首位。

参与实验的陌生人两两分组坐在一起，只花了 45 分钟，彼此问了 36 个神奇的问题，就快速对对方产生了好感和亲密感。实验的结果很有意思。有 30% 的人在聊完这些问题后，立即表示自己和同组实验者之间的关系已经变得比他们人生中其他任何一段关系还要深。

这些问题分为三组，按问题的深入程度依次递进，完成每组问题各需 15 分钟。问题有点类似普鲁斯特问卷，这些问题会比日常交流更能让我们了解彼此的"三观"。

第一组问题：

1. 假如可以选择世界上任何人，你希望邀请谁共进晚餐？

2. 你希望成名吗，在哪一方面？

3. 拨打电话前，你会先练习要说的话吗，为什么？

4. 对你来说，怎样才算是"完美"的一天？

5. 上一次唱歌给自己听是什么时候，唱歌给别人听又是什么时候呢?

6. 假如你能够活到 90 岁,并且你可以选择让你的心智或身体在后 60 年一直停留在 30 岁,你会选择哪一个?

7. 关于未来你可能怎么死,你有自己的秘密预感吗?

8. 列举 3 个你和对方共同拥有的特质。

9. 你的人生中最感恩的事情是什么?

10. 假如可以改变你成长过程中的任何事,你希望有哪些改变?

11. 用 4 分钟的时间,尽可能详细地向对方讲述你的人生故事。

12. 假如明天早上起床后能获得任何一种能力或特质,你希望是什么?

第二组问题:

13. 假如有颗水晶球能告诉你关于自己、人生或未来的一切真相,你想知道什么?

14. 有什么事想做很久了? 还没去做的原因是什么?

15. 你人生最大的成就是什么?

16. 友情中你最重视哪一个部分?

17. 你最珍贵的回忆是什么?

18. 你最糟糕的回忆是什么?

19. 如果你知道自己将在一年内突然死去,你会改变自己目前的生活方式吗? 为什么?

20. 友情对你而言意味着什么？

21. 爱和感情在你生命里扮演什么样的角色？

22. 轮流分享你们认为对方拥有的比较好的性格特点。各自提 5 点。

23. 你的家庭关系亲密温暖吗？你是否觉得自己的童年比大部分人快乐？

24. 你与母亲的关系如何？

第三组问题：

25. 说出 3 个含有"我们"并且符合实际情况的句子，比如"我们现在都在这个房间里"。

26. 完成这个句子："我希望可以跟某个人分享……"

27. 如果你要成为对方的密友，有什么事是他或她需要知道的？

28. 告诉对方，你喜欢他或她的什么地方？

（回答此题时必须非常诚实，要说出你可能不会对刚认识的人说的事。）

29. 和对方分享你人生中尴尬的时刻。

30. 上次在别人面前哭是什么时候？自己哭又是什么时候？

31. 告诉对方，你对他印象最深的一个特质是什么。

32. 有什么事是绝对不能开玩笑的？

33. 如果你今天晚上就会死掉，而且无法与任何人联系，你最遗憾的是还没有告诉别人什么事？为什么还没说呢？

34. 你的房子起火了，你所有的东西都在里面。在救出所爱的人和宠物后，你还有时间可以安全地抢救出最后一件东西。你会拿什么？为什么？

35. 在你所有家人当中，谁的死对你的打击会最大？为什么？

36. 分享你人生中的一个问题，问对方遇到这样的问题会怎么做；同时也请对方告诉你，在他或她看来，你对这个问题的感受是什么。

第四，你要充实自己，要有自己的爱好。

你不可以和对方天天家长里短地说个没完，经常给自己充电，电视、手机、网络、书籍，有很多资源，你可以时不时和他讨论一个新鲜的话题，让他觉得你也有自己的思想。你也不能天天围着对方转，结交几个自己的朋友，让他们为你带来点新鲜的思想和点子。这样，你和对方都会对彼此产生吸引力。

充实自己能让一段感情重新迸发活力的本质原因，是它可以为一段关系注入新鲜感。

在我见过的很多分手案例中，恋爱中的一方进入感情后，依赖感会日渐加深，他会把爱情视为生命的唯一意义。

可惜，抓得越紧，掉得越快。盲目的爱恋只会极大地消耗感情中的新鲜感，让一段爱恋变成负担。

先自沉稳，然后爱人。

第五，变换亲热地点。

天天在一间房里、一张床上，彼此会越来越不想主动亲热。

这常常不是因为情侣双方感情不和，而是因为彼此太熟悉，出现了审美疲劳。这在医学上也是很常见的，有些男人多年和爱人在一起，不刺激就兴奋不起来，可碰到别的女人却心里痒痒（尽管内心很内疚和自责）。

遇到这种现象，男方应该想想办法，变换亲热的地点，客厅、浴室、夜晚的阳台等都可以，不过前提是，一定确保安全。

你们也可以通过定期旅行，一起去领略未知的景色和人文，来加强两个人的链接。

毕竟好的爱情一定是跟同一个人体验不同的事情，而不是跟不同的人反复体验同一件事情。

第六，培养共同爱好。

除了了解对方的"三观"，一些长期的共同爱好同样能让你们的生活充满更多默契。

不管是喜欢玩同一款游戏、读同一个作者的小说，还是爱看同一个网络综艺，效果都是非常明显的。

如果你们现在还没有共同的爱好，那就共同培养一个爱好。

好的爱情，是包含"共同成长"的。你们可以试着一起去做一些让自己持续花时间且能产生进步的事情，比如健身、跳舞学一种乐器等。

两个人步调一致，自然不会无话可说，成长过程中的心得和体会都将成为你们的话题。

第七，一起规划你们的未来。

如果不想你们的感情只是昙花一现的激情，那么对未来做好规划，尤为重要。

你们期待未来的生活节奏是怎样的？是回到家乡，过"小确幸"的生活，还是奔赴北上广，在压力中寻找机会？

你们未来有什么要达成的愿景，是两个人手牵手走过这个世界的很多城市，还是把自己的小窝装点成充满个性的乐园？

不要排斥思考这些问题，或许现在为时尚早，或许现在的一些想法不过是年轻的奢望，不过没关系，面对面把它说出来，记在心里，有一天它们会开花结果。

如果你们有对未来共同的期待，并且愿意花费时间去浇灌这些期待，那么你们的感情自然历久弥坚。

引用《爱的艺术》中的一段话：

> 爱并不是一种与人的成熟程度无关，只需要投入身心的感情。如果不努力发展自己的全部人格并以此达到一种创造倾向性，那么每种爱的试图都会失败。

这也是我经常在情感咨询中强调的：爱不单单是一种意愿，而是一种能力。

不要天真地以为只要自己敢爱敢恨就能收获美满的爱情，爱情的本质也是人际相处，需要成熟的心智和正确的沟通方式。

修复案例：只要是对的人，就不怕从头开始

　　我之所以选择下面这个案例，是因为案例中这个女生遇到的问题实在是非常典型。大多数谈过恋爱的女生都可以从中找到自己的影子。为了使故事通顺，我会对字句进行一定程度的润色。另外，为了保护学员的隐私，文中把女主叫作居居。

　　居居是在某年的 3 月找到我的。她乍看之下是很阳光、很清纯的女生，喜欢旅游、吃川菜、打羽毛球，在朋友圈里也经常晒一些和闺密们的合照，和大多数姑娘没什么两样。你完全想象不到，她在谈恋爱的时候会是另外一副模样。

　　在和她的首次通话中，我了解到：

　　他的前任是一个二线城市普普通通的公务员，两人维持了一年半的恋爱关系，年底开始同居。同居之前其实只有一些小的摩擦，无伤大雅，搬到一起之后，她发现男朋友发生了一些变化，变"懒"了，懒得交流每天遇到的事情、懒得表达爱意、懒得一起出去活动，就连微信聊天都以表情包为主。

居居经常被男朋友气到，觉得他"没有尽到男朋友应尽的义务""从来不会关心我的感受"。为了表达内心的不满，她先后用了好几招女生常用的"撒手锏"。

第一个"撒手锏"就是"被动攻击"：突然不说话，摆出臭脸，等男朋友来发现自己不开心。

男朋友一旦发现，她的回应一定是："没有啊，我哪儿有不开心，你打你的游戏就好了。"

男朋友一开始还是会哄她，后来发现即使哄了，居居也会不断给他脸色，反正都是要一两天才会好，男朋友干脆就不哄了。这又带来了新的问题，他们租的是 30 平方米左右的小单间。在同一屋檐下，女朋友生气了，男朋友不哄不就意味着：他假装不知道她生气，还安然自得地在一旁打游戏、追动漫。

这就更进一步地把居居激怒了。"爱我就应该时时刻刻关注我的感受呀"——这是她在电话中和我沟通的原话。

她老是觉得她和男朋友之间隔了一堵墙，男朋友有话从来不和她说，总是讳莫如深，逃避交流，仿佛有一股无形的气息将她推开。

居居使出了第二个"撒手锏"——指责 + 讽刺："你能不能别老打游戏，干点别的行不""能不能别一回家就像个死人一样"。

她以为这样男朋友就会解释、狡辩，或者是和她争吵，这样他们就能把心里话都吵出来，但事与愿违，男朋友从来不和她硬杠，没有表情，也没有言语，而是默默地拿出一本《环球科学》杂志读起来。

她几乎没有见到过男朋友有情绪波动，除了他有两次实在气急败坏的时候咬牙锤墙，把拳头捶红了。

当然，除此之外，居居还做过很多的尝试，比如告诉男朋友有男同事向她告白，或者把大姨妈的不舒服放大，又或者很晚才回家。效果是有的，但基本上就管用个三四天。

无奈之下，居居开发出了"大招"：分手。

他们前后共分手过三次，前两次分手，男朋友都会在两个星期之内主动回来求和，等到第三次的时候，这招不灵了。

这次居居只好主动求和，男朋友只回了一句："算了吧，我累了。"

当然，居居没有放弃，而是不屈不挠地指出男生的"过错"，希望他能"认错悔改"。

说着说着，男生就再也不回复她了，居居这才消停下来。

之后居居就找到了我。

在后续和她的沟通中，我们对这段关系进行了一次全面的复盘。

我给她布置了"维持亲密关系的8大台柱"的反思作业，在她提交的笔记中——自主、相似、支持、开放、忠贞、共处、公平、魔力这8个方面的问题，除了忠贞，都有涉及。

其中她认为的重点问题在于"开放"和"公平"——前任不愿意对自己敞开心扉，遇到问题不去沟通，也不愿意为自己付出。

而这正是症结所在。看了这篇案例的阐述，你不难看出，正是她眼中的这个问题，引发了后面一系列的负面连锁反应，而这才是前任觉得不舒适、不想复合的关键，如图 5-1 所示。

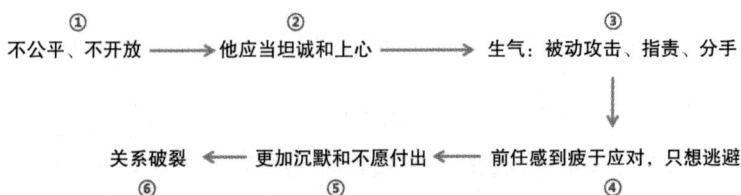

图 5-1　感情连锁反应示例图

居居对亲密关系的理解其实可以用一个句式来概括："爱情应该是……样子的，如果他没有做到，就是……"。

在我接触的众多案例中，我发现这样的思维模式其实在女生中是特别常见的，根据个人偏向的不同，爱情的样子应该是"坦诚内心""优先为对方着想""一起奋斗进取""完全忠于彼此""照顾对方的负面情绪"。

如果他没有做到，他就"不爱我""不负责任""谈这恋爱干什么""无情冷漠""是渣男"。

一旦这样的道德评判句式成为你恋爱的底层逻辑，你们的爱情将会失去修复力。

一旦发生了小矛盾，你就批判他、惩罚他，希望他认识到自己的错误，从而改正，但重复这样的否定，其实不但不能让你如愿以偿，反而还会让矛盾不断加剧，把对方越推越远。

毕竟男生也有自己的底层逻辑：和你相处这么麻烦，还不如不处了。

在我指明了男生的底层逻辑，代替男生向居居表达他的感受之后，居居才第一次明白自己给前任带来了多大的压力和困扰。

于是居居把重点问题改成了"支持"。

而我随后再给她划出了两个重点——"相似"和"魔力"。

男生在同居后变"懒"，很多人会认为这是一个很正常的过程，毕竟激情和神秘感褪去后，取而代之的是柴米油盐，任谁都会不再热情。但其实，**"变懒"的度有一个决定性的因素，那就是你们的共同话题和共同爱好。**

我和居居复盘了他们的共同点。

男生喜欢打王者荣耀、"吃鸡"、追动漫、看球赛、学习自然科学领域的知识，还做得一手好菜，女生却一直坐着等吃，后来男生就懒得做了，有时候男生也喜欢对女生分享的八卦内容评判分析。

女生则两极分化比较严重。在朋友圈，她塑造出了一个热爱生活的角色，可在家里，她只有两个爱好：刷短视频消磨时间和唠叨办公室、闺密之间的八卦。

乍看之下，他们好像还有那么一些共同点，但问题在于，每次居居讲完这些内容，男友就开始分享自己的见解，而居居会立马联想到别的事情，然后无情打断男友的话。久而久之，男友就不愿意和她聊了。

我问了居居一个问题，假如你们双双实现财富自由，不用再上班，有无限的时间待在一起，那你们要怎么消磨这些时间呢？

她回答不了。

因此，他们虽然在一起相处了这么久，但都没有发展出两人的共同爱好和共同目标。哪怕他们有再多的相处时间，男生也不会把精力放在她身上。原因很简单：不想尬聊，打游戏它不香吗？

居居在外光鲜亮丽，却把最邋遢和随便的一面留在了家里，常年穿同一件睡衣、蓬头垢面、不爱做家务，喜欢乱摆放日常用品，男友还多次抱怨她口臭。其实居居打扮的时候还挺漂亮的，有两次她发现男友刷朋友圈的时候盯着她的照片，当时居居还发过脾气：大活人在这，你都不看一下。但是，哪个比较好看，你心里也要有点数呀。

很多时候，新鲜感消失不能只怪时间，本人的"懒"也是很重要的原因。

因为及时梳理了问题的核心所在，居居没有先前那么焦虑了，后续的挽回过程也比较顺利，她并没有再犯什么错，整个挽回过程大概包括以下的步骤。

第一步，发出种子信。

居居在分手之后有过纠缠和指责行为，前任对她的舒适度已经降到极低，居居随时都有被拉黑的可能性。这种紧张的关系状态也不利于后续的复联，所以我让居居发了一封种子信来进行缓和，重点提到了自己在过往的关系中"不表达需求，老是让你猜，然后责怪你。我现在才认识到自己当时是多么幼稚"。

第二步，展示新形象。

他们的间接联系阶段总共持续了一个多月。因为我给居居普及过前任分手后会经历"适应、愉悦、改变和失落"这几个时期，加上前任的基础条件比较一般，恋爱后变胖，头发也不收拾，是直男一个，居居不必太担心他会有新欢，而居居也能耐住性子，相信自己能重新把他吸引回来。

其间，居居换了新发型和打扮风格，是前任喜欢的风格，也略有心机地通过短视频的背景展示了自己家里收拾整齐的样子。

第三步，利用竞争性嫉妒。

前面的铺垫并没有取得及时的反馈，但在居居发了这样一条朋友圈——"第一次去酒吧，一天居然被七个陌生人搭讪了，看来本仙女还是很有魅力的"，附上自拍之后，前任当天便主动联系了她，问她去哪儿玩了。

第四步，增加心疼指标。

前任对居居的情况还是比较关心的，但他一直有个毛病，就是只有女朋友快要出事的时候才会紧张一下。因此，我们设了一个局，让居居假装下班路上遇到陌生异性的骚扰，余悸未了，给前任发消息，前任看见消息后紧张得直接给居居打电话，心疼指标加 1。

第五步，开启复合约会。

在那之后，他们之间还有几次直接联系，此处就不赘述了。因为居居的前任始终不太主动，只要居居没事他就像人间蒸发了一样，所以我让她下班之前直接发了信息来推进："我好怕，万一又遇到那个人怎么办，你能不能来接我。"

据她说，见面之后，他们俩是一路牵着手回家的。大约一周之后，居居就给我发来复合的喜讯。

这个案例的挽回难度算是中等，双方有比较好的感情基础，而且男生也不是不爱这个女生了，也没有变心，只是对她的相处方式比较厌烦。另外女生本身的条件也不差，在挽回的过程中，基本上没有犯什么错误，按照我们的指导来做，适当展示改变和魅力，后面的流程都比较顺利。

大家在挽回的过程中，也可以充分利用自己本身的优势，拿出诚意来展示自己的改变。

修复案例：爱情没有对错，只有舒适与否

咨询者是一个 26 岁左右的男生，为了保护隐私，我们就叫他阿斌。他和女朋友同在一个二线城市。阿斌本身属于比较上进的类型，大学毕业三年之后，就以合伙人的身份开始创业了。

女生 22 岁，和阿斌是在微博上认识的，是个模特，因此经常会在微博上发一些自己的照片。起初阿斌只是觉得这个女生还挺漂亮的，就在评论区和私信里跟她聊天，之后聊着聊着彼此逐渐有了熟悉度，经过几次约会之后，就成为男女朋友。

一开始，他们相处得还算比较顺利，可是在两人谈恋爱快到半年的时候，他们的感情逐渐出现了一些问题。因为女朋友本身的性格比较外向，交友面比较广，个性相对开放，时不时会有一些朋友之间的聚会，有时是在餐厅，有时是在 KTV 或者酒吧。除此之外，女朋友在工作场合也会经常出现和男摄影师共处一室的情况。以上这些都让阿斌感到很不安全，他隐隐感觉这样下去迟早会出事，而这样的疑心，也表现在了他们日常的相处当中。

　　比如，如果女朋友出门的时候穿得比较暴露，例如穿露肩膀、露肚脐的衣服，阿斌就会极力反对，说："穿得那么少，给谁看啊。"而女朋友则不以为然，她觉得这些都是正常的穿搭。每次女朋友晚上回复信息比较慢时，阿斌都会很着急，每隔半个小时就给她打电话，问她到底去哪儿了。而对方一开始看到信息还会耐心地解释，说自己在和朋友聊天或者喝酒，没注意看手机，后来阿斌打电话的次数多了，她就干脆直接不回复了。

　　然而，这样的对待让阿斌更加担忧了。有时女朋友要出门见人，阿斌就找个理由说要和她一起去，甚至连公司里的事情也不管了。男朋友待在他们一群朋友中间，如果能与她的朋友打成一片那倒还好，可是阿斌动不动就劝女朋友早点回家，劝她不要喝酒了，这让她的朋友觉得很扫兴。

　　后来，女朋友实在受不了了，就和阿斌大吵了一架，说他敏感、多疑、嫉妒心强、情绪不稳定，和他相处感觉自己的人身自由都没了，干什么都是错，她还说："人生不是只有爱情的，大男人不要老盯着儿女情长。"经过这一吵，阿斌非但没有醒悟，还变得越来越不安了，他把女朋友看得越来越紧。阿斌不但要问清楚女朋友每次出门后的行踪，而且还限制她在微博和朋友圈里发照片，甚至还和她沟通过要她放弃现在的工作；情急之时，还会忍不住对女朋友大声吼叫。女朋友则是一被吼就哭，阿斌每次都很后悔，事后还要哄她。

　　途中，他们也分分合合过两次，然而最后，他们的感情还是撑不到一年，在一次冷战过后，女朋友彻底凉了心，再次提出了分手。

阿斌在找我们之前，也尝试过进行挽回。他和往常一样，用上了"道歉、承诺、深情"三件套：先是说自己有多后悔、多对不起她，他不该冲她大吼、他不该老是盯着她等；然后承诺自己一定会改，还写了保证书；用各种方法表深情，说自己多么爱她，遇见她是自己这辈子最大的幸运等，还给她寄了很多礼物。然而，前任已经不胜其烦，直接把阿斌拉黑了。

听阿斌讲完自己的故事之后，我问了他这样一个问题："你觉得在这段感情当中，是谁做得不对？"阿斌回答说："一开始我觉得是她不对，女孩子不应该穿成那样出去和那么多人喝酒，现在，我知道是自己错了，错在嫉妒心太强、不够大度。"

我说，其实你的问题，就是对错观本身。在感情当中，除了那些明显涉及道德的问题，大多数矛盾都没有对错。一段关系，通常只有舒适与否，而没有对错。如果你凡事都抱着对错的态度，那么今后肯定处理不好亲密关系。

随后，我和阿斌一起重新梳理了他们关系中存在的问题，他和前任其实在性格上的适配度就不太高，加之阿斌又特别计较对错，矛盾就会进一步加剧。阿斌的女朋友属于比较外向、活泼、善交际、追求潮流的女生，她在恋爱当中做的事情其实也没有超出传统道德的容忍范围，只是穿得好看、朋友多、爱玩而已，在男女边界方面还算有分寸。她没有和异性单独去约会，谈恋爱之后也开始拒绝和其他男生在微博上暧昧，也从来不会在外面过夜。而阿斌思想比较保守，努力上进。从客观来说，其实与阿斌更加匹配的是知情达理的，能在低谷期默默给他支持的贤内助，而潮流型的女生就容易引发他原始的自卑和嫉妒心，还会分散他创业的心思。这两个人有对错吗？其实没有对错。然而，阿斌要么觉得女孩子不该这样，因此对女方做出了诸多限制，要么被女方厌烦之后，又下意识地求和，改口觉得是自己不对。这种或卑或亢的状态，让他始终没有站在一个平等的角度去沟通、解决问题，而是简单粗暴地认为要么你改，要么我改。

在挽回之前，我也和阿斌探讨了挽回的必要性。这个女孩现在还年轻，目前来说还是比较爱玩的，并不是那种能顾家的、适合过日子的、能给他情感支持的女生。从现在来看，她是一个活在当下的人。即便她将来变得成熟了，她也可能会更多地考虑自己的未来，因此即使你成功挽回了，也会面临三种情况：

第一，她的开放度大概率还是和以前一样；第二，在你事业的低谷期，她可能给不了你什么帮助；第三，你还需要在事业和爱情之间做出平衡，她的情感需求比较大，你将来可能只有抽时间陪她去很多地方、做很多事，才能分散她一部分的社交娱乐需要。

在知悉以上情况后，阿斌还是选择进行挽回。

为了让阿斌更加客观地看到这段关系的优劣势，我们也一起进行了 SWOT 分析。经过一番讨论和调整之后，他认为这段关系的现状如下。

优势：自己在同龄人中挣钱能力比较强，自己是为数不多能撑得起女生高消费习惯又想和她过日子的人，而且自己的外貌和谈吐也是女生喜欢的类型，二人是一见钟情。

劣势：容易吃醋，控制不住情绪，不懂沟通，爱管控对方。

机会：认识对方的闺密，她对自己印象不错，愿意帮忙。

威胁：她的身边不乏异性，容易被乘虚而入，而且目前微信已经拉黑，关系状态堪忧。

阿斌的这个案例算是难度较高的案例。因为经过几次假性分手之后，阿斌自己已经进行了许多挽回的操作，每一次都许下承诺，结果每次都兑现不了，把自己的信用度消耗殆尽了，而且真性分手之后还不断纠缠，所以他在前任心中的印象已经相当糟糕了，因此，重塑印象需要比较大的工作量，耗费的时间也相对较长。

下面是阿斌在整个挽回过程中的主要思路。

第一步，断联 + 戒断。

这一步，除了是在给对方足够的时间缓和情绪，其实也是在重塑前任对阿斌的印象。因为在前任对阿斌的心理预判中，阿斌一定会不断纠缠，哪怕删除、拉黑，他也会打电话，也会在家门口或者工作的地点堵她。而我让他反其道而行之，直接淡出前任的世界，这其实就是让对方改观的第一步。突然间的清静，也会让前任一时之间感到不适应。对于阿斌来说，戒断也是很重要的。他在被分手之后，时不时地会忍不住点开前任的微博动态，阅读下面的每条评论，而且还会点开评论者的主页，猜测揣摩评论者和前任是什么关系，有时甚至还会登录前任的账号来看私信。

这样的操作，美其名曰试探敌情，其实百害而无一利。阿斌每次看完前任的动态之后，心态都会变得很焦虑，然后就产生直接跑去质问前任的念头。这对于挽回来说是极为不利的。因此，我们也对他做了一些思想工作和约定，然后还利用了一些技巧，帮助他制止自己的这些行为，碍于篇幅，这里就不展开了。

第二步，核心矛盾的修正。

阿斌在关系中呈现出的嫉妒心和对错观，是极具破坏性的。如果不修正这一点，即使这次侥幸复合了，下一次也会重蹈覆辙。如果下一次还因此分手，恐怕他们今后就再无修复的可能了。而且，就算他今后不和这个女生在一起，估计和别的女生也会暴露这个问题。因为阿斌在择偶上就倾向于这种颜值高、打扮潮流的女孩，他只会凭借感性而不是理性来择偶，所以这个问题是他无论如何都要克服的。

在具体的操作上，我们用到了认知行为治疗当中的一些技巧和理论，比如 ABC 理论，以及伯恩斯的 10 大认知扭曲，通过这样的方式帮助他发现自己的不合理认知，从而修正自己的嫉妒心和对错判断。

第三步，提升沟通技巧。

阿斌在遇到矛盾时的处理方式也很不妥。在对错观的引导下，他的处理方式变成了监管和责备，给对方留下了控制欲强和情绪不稳定的印象。如果当时他能用温和的沟通来化解矛盾，其实会产生不一样的效果。比如，他说"女孩子怎么能穿成这样出门，太不检点了"，这句话就给对方传递了一种否定和不信任；而如果他能把否定变成担心，就会好很多，例如，"我担心你哎，你要早点回来哦，有什么事马上打我电话"。同样的出发点，换一种温和的表达方式，女朋友就更能感受到善意和爱意，也能有更大概率为你做出改变。因此，针对阿斌的沟通技巧，我们也做了一些提升的训练，让他在将来复合之后，能拥有改善关系的能力。

第四步，展示自我改变。

虽然阿斌已经被拉黑，但是展示自我改变还是很有必要的。后续挽回部署顺利的情况下，前任一定会心生好奇，回来看阿斌的近况。如果他在此期间什么准备都没做，那就会显得很被动了。根据阿斌在关系中暴露出来的问题，我们确定展示的重点为通过努力工作的动态来加深初始吸引点和成熟度、减少情绪不稳定的印象，以及时不时分享读书感悟，以展示自己有在为改变自己的问题而努力学习。

第五步，间接复联。

因为闺密也支持他们的关系，所以挽回也得到了闺密的一些帮助。通过闺密，阿斌成功向前任传达了自己的一些近况，比如工作很努力，开始有一些生活情调，整天在读心理学和情感的书，还参加过线下的交流会。而且，闺密还成功打探到了前任的看法，前任现在之所以没有进入新的恋爱，就是因为觉得身边的男性要么是一些"歪瓜裂枣"，要么就是明显图谋不轨的。像她前任这样的人，至少应该比较专一，如果他真的能改正，她觉得还是不错的。

第六步，直接复联。

有了前面的铺垫，阿斌就可以正式地开始与对方接触了。在我们的指导下，阿斌给对方写了一封种子信，顺利加回了前任的微信。后续的聊天，也是在咨询师的指导下进行的，包括聊天的频率、内容以及邀约。中途，咨询师还要做好阿斌的思想工作，防止他过于心急地推进关系。出乎我们意料的是，在初次见面的时候，阿斌居然拿着约翰·戈特曼的《爱的博弈》和前任一起读，还对照着书里的表述一条一条地讨论。前任也比较配合，看来他的改变还是展示得比较到位的。

后来的过程，咨询师就较少参与了。关系有起色后，阿斌就能放心地自己操作了，而我们也相信他在这段时间里的蜕变。大概一个月之后，阿斌就在服务群里给我们发来了喜讯。

综合起来，这个案例的挽回难度是比较高的。除了前文所列原因，当事人的心态也非常重要。因为阿斌一开始的状态很焦虑，花了大量时间去做无用功，比如看对方动态、胡思乱想、胡搅蛮缠等，整个挽回的前中期也是在跟咨询师不断拉扯，不断问"我可不可以这样，可不可以那样"，差点儿还出现了擅自的行动。后来随着心态的变好，他也逐渐把心思放在了正确的事情上。

挽回真的是一桩反人性的事情，只懂得方法技巧还是不够的，它既需要你有坚定的挽回意志，又要有强大的理性来克制自我冲动，还要有第二双眼睛来审视自己当下的行为，可以说，能独自挽回的都是超人。

放下：如果你已经决定了要忘记他

情感中最纠结的状态，莫过于想挽回却挽回不了，想忘却忘不掉，只能在放下和不放下的量子状态中不停地纠缠。在我看来，想挽回，就痛痛快快地尝试一次，真要失败了，或者真不想付出那么多努力，那就干脆向前走。然而，很多人是无法做到这么潇洒的，因此我们就针对那些决定不再挽回的朋友，介绍如何才能彻底放下一个人。

其实，忘记一个人最好的方法，就是先忘记"你要忘记他"这件事。

我曾经听说一个令人啼笑皆非的故事：

一个遭遇了背叛的女生，下定决心要忘记那个负心汉，她把这件事看得非常重要，毕竟记忆中这个人的存在，对她来说意味着耻辱。她非常认真地制订了计划。第一天，不要想他，第二天，不要想他，第三天，不要想他……这份单子写得很厚很厚。

她每次想到前男友，就会在心中责备自己："我怎么又想起这个人了，真是犯贱。"她在心里呐喊："渣男！快点消失！""不要再来影响我的生活了，你都离开我了还在这儿捣什么乱！"有时这种自我斗争实在太激烈了，她就推倒家里的桌子、把枕头乱扔，等到精疲力竭了，就瘫倒在地上哭泣。

有时计划会进行得比较顺利，一连几天都忘记要把日程表翻到下一页，然而当她又想起前任时，撕掉好几张，下一页还是写着"不要想他"，看着看着，又陷入了回忆……计划又失败了。

这是一个非常极端的案例，故事中的女生之所以迟迟忘不了前任，正是因为她把"忘记他"这件事看得太重要了，而在人的心理机制中，"忘记他很重要"其实是等于"他很重要"。心中的禁令每一次发挥作用，都会将这个人牢牢地刻在脑海里，一天天加固。

我相信现实生活中，很少人的失恋会是这个样子，但是几乎从所有人的身上都能见到这个女主的影子——太想忘记他了，以至于每次想起，就责令自己赶快忘记。

而这种习惯，只会让你越来越忘不了对方。

来看看其他人都是怎样忘不掉痛苦的回忆的，并对比一下是不是和你很像。

第一，回忆与他的过去。

最常被回忆的场景有两类：第一类是曾经在一起的快乐时刻，第二类是对方曾给你留下的伤。

沉浸在这两类回忆中，只会让你的痛苦继续加深。回忆快乐的时光，你可能得到了短暂的安慰，但很快你又会清醒过来，回到现实当中，开始感慨这些时光已经永远地失去了，现在只剩下孤单和凄惨的自己。这种强烈的对比使你陷入极大的痛苦和懊悔。而细数对方留下的伤，则会让你加重对他的怨恨："他为什么会这样对我呢，凭什么呢，这不公平。"这些情绪不仅会让你感到痛苦，而且还会让你忽略生活中的美好。

第二，想象与他的未来。

对于未来，你同样也可能有两种想象，一种是好的未来，另一种是复仇的未来。你可能会想象在将来的某一天，自己会再次遇到他，而这次相遇让他能看到一个全新的你，你们有机会解开过去的误会，重新走到一起。当然，你也可能在想象着报复他的桥段，例如找到新的伴侣让他吃醋、破坏他与别的异性的关系、让他跪着求自己和好等等。但不管是哪种，这些想象都会让你对他的感情越来越深刻。

第三，窥探他的生活。

失恋的人最难忍住不做的事情，就是窥探前任的生活。你一想起他，就马上点开朋友圈、微博、QQ空间看一看，这种行为毒性非常大。这时候不管你看到什么，都会胡思乱想。他发一首歌，你猜他是不是也想你了；他发个生活圈，你猜他是跟谁一起出去了；他的动态下有人评论，你猜他们是不是有情况了。

第四，克制自己想起他。

如果你想着"我一定要忘掉他"，那么当你做了前三件事当中的任何一件时，你都会忍不住责备自己。这意味着，你又没克制住自己的想法，于是你骂自己、命令自己一定不能再想他，然而就像上面所说的一样，当你想着"不能想 A"，你的大脑实际上接收到的信息就是"A"。

以上习惯都只是在痛苦的记忆上，继续裹上一层痛苦而已。要忘记一个人，你不能放任自流，也不能"擦除"，而是要用积极的"情感"和"画面"来取代这些苦痛的记忆。

因此，比起"尽快忘记他"，更加有效的目标其实是"尽快重建自己的生活"。

所谓重建生活，就是即使没有对方，你也能满足自己的一切需求，依靠爱情以外的事物重新体验到人生的充实，就如同你谈恋爱之前一样。要做到这点，**你可以尝试以下的做法。**

第一，清除那些让你想起他的线索。

很多东西可能会让你想起他，香水味、吃过的东西、去过的地方、你们共同关注的 App、某个他崇拜的作家、公众号的推送等。因此你需要把这些东西通通从你的房间里、手机上清除掉，毕竟家是你卸下防备、暴露脆弱的地方，保留他的线索让你非常容易睹物思人，然后一直沉浸在回忆里。

第二，识别执迷想法。

在你放松下来的时候，一些执迷的想法就会闯入你的脑袋，你可能会忍不住细细品尝它，感受其中的痛苦，但这样做会让你越陷越深。因此，当你的脑海中出现与他有关的回忆、幻想的时候，请马上警告自己停下来，不能让自己在回忆中无法自拔。

第三，找到情绪宣泄口。

你有没有发现，以前你是个朋友很多，而且喜欢向闺密倾诉的人，自从谈了恋爱，你总是在为感情而烦恼，不开心就自己生闷气，也不和人沟通，变得很孤僻。你现在需要找到情绪的出口，和朋友倾诉你的所有不甘、不愉快，真正的好朋友是不会嘲笑你的，如果这个人理解不了你，那么就去找真正能共情你的人。

第四，找回真正的自己。

在你情绪上头的这段时间里，你为他做出了许多改变，你活得很委屈，你已经不再是原本的你了。你为他放弃了自己的兴趣爱好，把自己的情绪都和他联系起来，这样自然不会开心。你需要找回以往那些让你开心的事情，恢复以前的人际关系。去旅游、听演唱会、参加运动、与朋友出去玩都很不错。

总之，千万不要为了表示"对他的忠诚"就一直坚持那些为他养成的习惯，从现在起，你只做自己爱做的事情。

第五，做开心的事情。

失恋的人最忌讳的就是整天待在房间里闷闷不乐。如果你发自内心地认为自己是不快乐的，那就真的很难重新找回快乐了。因为给自己贴上"不快乐"标签的人，会不自觉地依照消极的方式生活，如在被窝里空想和哭泣、吃一大堆零食、不见任何朋友等来解忧。

如果你还有足够的力气，那么你就应该站起来、走出去，像个健康的人一样去生活，去见你的朋友，去吃一直想吃的东西，去新的地方旅游，捡起你忘记了很久的爱好。

第六，多尝试新事物。

人之所以生活在过去的阴影中无法自拔，不是因为那些痛苦有多么大的吸引力，而是因为他没有新的生活来淡化过去的影响。为什么老年人总喜欢回忆过去？因为他们的未来已经没有多大变数了，对他们而言，过去才是最丰富的。相比之下，你还年轻，千万不能这样，你的生活重心永远是在未来。

多去尝试一些新的事物吧，多去为未来的目标而努力吧，不要再把心思放在以前那点破事上了。

第七，从失败的感情中找到积极的意义。

不得不说，遇到了错的人，托付错了感情，确实是一件不幸的事，你为此失去了很多。不过，任何一件坏事，背后都会有着积极的一面，如果你一直抓着消极的一面不放，那么你就一直得不到释怀，想着各种为什么。为什么是我遇到了渣男？为什么他是这样的人？为什么受伤的总是我？想要从悲痛中走出来，你需要经历一个蜕变的阶段，那就是找到事情的积极意义。

想一想，你从这段感情中究竟得到了什么呢？你可能学会了要选择双向奔赴的爱情，而不是单向的迷恋。你可能学会了及时止损，而不是不断投入。你可能学会了要根据自己内心的需求来找伴侣，而不是单纯看感觉。总之，每次的失败都可能让你学到很多东西，而这些经历，都应该让你在下一段恋爱中变得更成熟、更自在，而不是让你总结出"男人没一个好的"或者"爱情会消失"这种消极的观念。

　　每个人都可能经历过错误的关系，但是曾经的错误并不是你逃避现实、不面对未来的理由。曾经和前任在一起的日子也并非虚度光阴。昨日种种，皆成今我。当你把过往的痛苦当作养分，成为一个更懂得关爱自己和他人的人时，今后不管遇到怎样的人，你都能活出自在、滋润他人。

当我整理完《爱情的重建：如何修复有裂痕的关系》的书稿，从头到尾读完一遍的时候，突然有了新的思考：

爱情中的重建，仅仅指挽回一个人吗？

在这本书中，我罗列了大量的方法、技巧和心理学知识，以期能够帮助你修复有裂痕的关系。但挽回这件事，从来都不是一个单方面的行为，它需要你的努力，也需要对方的意愿与配合。

而当你最终决定要结束一段关系的时候，意味着"重建"迎来的是一个必然令人沮丧的结局吗？如果答案是肯定的，或许你就把重建定义得太狭隘了。

你要重建的，其实是一个更懂爱、更值得被爱的自己。

仔细思考一下会发现，每个人喜欢的都是一类人，而不是具体某一个人。

无论你对另一半的要求是什么，只要你列出

身高、体重、外貌、学历、工作、地区、收入、幽默感等择偶标准，那符合你标准的必定是某一类人，而不会是偏偏全世界唯独就那么一个符合你标准的人。

或许是你还没想明白自己的标准，或许是你的社交范围有点小，因此你认为全世界只有那么一个跟你契合的人，然后你就掏心掏肺地对他好。他可能跟你原先预期的不一样，他并没有你的理想型那么好看，学历也低，工作也不体面，不过由于你投入了时间和爱，你们互相"驯化"了彼此。你们也是平平无奇的人，但在你们各自看来，彼此就是全世界唯一的人，就像小王子的世界里，那朵独一无二的玫瑰一样。

后来相处久了，两个人有冲突了，现实问题让你们焦头烂额了，你们选择了分手。

然后你就感觉天都塌了，全世界唯一的那个人，从今天开始，不再爱你，也不再属于你了。接着就哭，就闹，就去挽回，说着"没了他，我可怎么活呀"，可没想过，自己遇到他之前，其实一直活得好好的。

等到你伤心够了，擦擦眼泪，鼓起勇气决定去外面的世界看看，你才发现，当你向外打开世界的时候，世界也为你打开了。自己原先以为全世界独一无二的玫瑰，原来到处都是，而且很多都比之前的还要好，且它们都愿意被你"驯化"，也愿意"驯化"你。你会重新选择一朵玫瑰，再把自己的时间和爱都投入进去。由于上一段经历让你总结出了很多教训，因此你可以把这朵玫瑰培养得更长久，这朵玫瑰也会长得更漂亮。

可能，后来这朵玫瑰也会生病，也会凋零，你不得不放弃它，但这时，你已经知道，玫瑰有很多，所以短暂伤心后你很快就可以走出来。然后，你又可以从众多玫瑰里挑出你认为跟你最契合的一朵，并对它进行灌溉。你也不会去担心那些遥不可及的未来，反正现在这朵玫瑰是属于你一个人的，你也只属于这朵玫瑰。这一刻，你们是相爱的，以后的事情，以后再说。

或许后来，机缘巧合，你会继续跟很多玫瑰相遇、相识、相知、相爱，然后分别。但每一次相遇，都会让你更清楚什么才是你想要的，也会让你更加懂得怎么去维护好一段感情。而只有经历了这些，你的人生才会变得越来越有厚度，你也才会越来越从容淡定。

最后，你会发现，终其一生，你恋爱那么多次，其实都在复合。

你想挽回的，是内心里那个不接纳自我的自己，你想重新接纳自我。

你向往爱情，向往的是成为那个值得被爱的自己。

而对爱情的追逐，就是你跟自己和解的过程。

分手多年后，你之所以依然对前任念念不忘，不是因为他有多好，而是他的存在时刻都在提醒你："你不值得被爱"，并进而造成你内在自我的分裂。

你想挽回的也不是他，而是"自己依然能被接纳、能被爱"的信念。

当一个人始终不爱自己的时候，他永远无法复合。

而当一个人发自内心地接纳了自己的时候，他的爱情就重建成功了。

如果这段关系终将结束，我们应该从伤痕中磨砺出一些东西，让自己的情感从中破茧。

在最后的最后，给大家分享一些宏桑本人经历分离后的琐碎的感受，希望能帮助你告别过去的自己，疗愈现在的自己，迎接未来的自己。

毕竟懂得告别过去的人，会被奖励新的开始。

1. 先自沉稳，然后爱人

感情是两个独立的人互相给对方的生命增加色彩，而不是期待通过一场恋爱来治愈颓靡的人生。

不管是做好自己的工作，照顾好自己的生活起居，还是有自己的思想和主见，一个人只有先把自己的生活处理得井井有条，才有进一步照顾对方，让对方开心起来的能力。

但是在这里有一个矛盾：很多人想谈恋爱的时候，恰恰是自己生活处理得不好，想有个人来照顾自己的时候。

在这里我衷心地说一句：各位真的不要把恋爱想得太美好，恋爱有好处是真的，但与此同时给你添加负担也是真的。如果你还没有把自己活明白，那么这时你和别人在一起，只会进一步地增加你的负担。

我希望你是我身边的一棵树，跟我一起吸收阳光雨露，一起成立家庭对抗外界的风吹雨淋，而不是像一棵蔓藤，没有寄主就无法独立生存，好像生活的全部意义都是恋爱。

这个简单的道理，小学课本中的《致橡树》已经告诉过我们了，只是那时我们尚且年幼，没有看懂内涵。

爱情不是一种与人的成熟程度无关，只需要投入身心的感情。如果不努力发展自己的全部人格并以此达到一种创造倾向性，那么每种爱的尝试都会失败。

2. 货悖而入者，亦悖而出

经历多了就会发现，你遇到的都是和自己同一段位的人，拿到的都是自己配拿到的东西。

在爱情中，容不得高攀和将就，短期的荷尔蒙冲动散去后，价值对等、势均力敌才是关系的纽带，所以千万不要觉得多看了几个公众号就天下无敌能够征服所有异性。

任何技巧和手段，都只能帮助你在原来的基础上更好更快地找到合适的人选，并不能让你麻雀变凤凰。

你说你不喜欢现在的圈子，想遇到更好更合适的人，想要好看的皮囊和有趣的灵魂。

可以，没毛病。但人在提要求的时候，一定要问自己一个问题：我凭什么？

自我提升这个词我每次都提，但是每次别人都觉得这是没用的大道理。然而基本盘都不稳，我怎么给你做战术层面的分析？

3. 情深不寿，慧极必伤

情深不寿：在爱情中用情过深，用力过猛，反而容易导致一段关系夭折。

如果你们还没在一起，那么必然会导致自我感动式的一味付出，渴求通过日复一日的追求去感动对方。

如果你们已经在一起，那么对这段关系的期待过高、依赖过深，必然导致对方在这段关系里疲惫不堪。

好的感情，往往基于共性和吸引。我们两个坐在一起，哪怕各忙各的，甚至沉默都不会觉得尴尬。

用力过猛，总是觉得爱不够，总是试图让对方去证明什么，那么这段爱于对方而言已经成了压迫，捆绑和自我感动，只会让对方喘不过气来。

情深不寿这四个字，一直是我的微信签名，太多的感情问题都因它而起。

当事人不这么觉得，认为只要足够爱，就不会分开，殊不知爱得太用力、太偏执，反而会给对方太多压力，导致一段感情分崩离析。

可偏偏太多人都这样，没有安全感，一旦进入一段感情，就开始患得患失，总害怕失去，试着拼命抓紧对方。

慧极必伤：想知道太多的人，往往活得很痛苦；而知道太多的人，往往死得很痛苦。

我曾经对每个人的内心充满了好奇，我研究心理和情感这么多年，看了这么多案例，就是为了搞懂每个人在想什么，每个人在感情中都在追求什么。

我现在很后悔。当我知道太多的事情，看到了太多人披着藏着的想法时，我的心中没有洞察世事的豁达和坦然，只有宣泄不完的负能量和恐惧——有些事情，还是不要说破，不要挑明为好。

你只需要知道那个人现在很好，那个人对你很好，你们两个人在一起时很开心很快乐就够了。你不收费，你没钱赚，你没有必要为了探究一个人背上这么沉重的负担和焦虑感。

每一段长期关系，都是爬满虱子的华服，外表光鲜亮丽，可总有一两个角度经不起细看。

不痴不聋，不做家翁。

4.我们所有的错误，都是因为贪

人终其一生都在和自己的贪念作斗争。

无论高攀、背叛、失望，抑或不甘，归根结底都是因为心中的贪念。我们不仅想要更多，还想拿不属于自己的东西。贪婪造成的大错从古至今未曾中断，太阳底下可有新鲜事？

而贪念也可能是好事，它能够让我们不断锐意进取，但是我们也需要时刻记得：任何伟大的品质，都是反人性的。

既然你承诺了一个人，既然你答应过要忠于一个人，既然你希望成为一个好的另一半，那么你就要压制住你的贪欲，不要让它肆意蔓延。

太强大的贪念，不仅会伤害别人，也会反噬自己。

以上是最后的总结，希望你的下一站更加精彩。

参考文献

[1] 戈特曼，娜恩·西尔弗.爱的博弈：建立信任、避免背叛与不忠 [M].穆君，伏维，译.杭州：浙江人民出版社，2014.

[2] 卢森堡.非暴力沟通：丰盈生命的教育[M].李迪，译.北京：华夏出版社，2020.

[3] 米勒.亲密关系 [M].王伟平，译.北京：人民邮电出版社，2015.

[4] 姚彦宇，苏菲雅.看见情绪价值 [M].北京：中国妇女出版社，2022.

[5] 弗洛姆.爱的艺术 [M].王伟平，译.北京：人民文学出版社，2018.

[6]《社会心理学》编写组.社会心理学 [M].天津：南开大学出版社，2000.

[7] 斯滕伯格.认知心理学.邵志芳，译.北京：中国轻工业出版社，2006.